HONIG

die Speise der Götter

Verena Verita

HONIG
die Speise der Götter

Rezepte und Rezepturen

Foodfotografie:
Peter Barci

edition aurea
VERLAGSGRUPPE STYRIA

Bildnachweis

Foodfotografie: Peter Barci

Ingo Anstötz/Pixelio: S. 26
Bildarchiv der Österreichischen Nationalbibliothek: S. 16 l. u.
Gnubier/Pixelio: S. 23 o. l.
HeiFisch/Pixelio: S. 29
Holger/Pixelio: S. 23 o. r.
Ilse/Pixelio: S. 23 u. r.
Klicker/Pixelio: S. 22 l. M.
Manfredo/Pixelio: S. 23 l. M.
Mariocopa/Pixelio: S. 19
Jasmin McKee/Pixelio: S. 18
pantau007/Pixelio: S. 25
JPW Peters/Pixelio: S. 23 u. l.
Susanne Schmich/Pixelio: S. 20
Dieter Schütz/Pixelio: S. 22 o. l., 22 u. l., 23 r. M.
Kenneth J. Stein: S. 16 r. o.
Angelina Ströbel/Pixelio, S. 8, 22 o. r., 22 r. M., 22 u. r.
Michaela Weber/Pixelio: S. 24
Uffizien, Florenz: S. 16 r. u.
Wikipedia, GNU General Public License: S. 15, 16 l. o.

Inhalt

Vorwort

Honig ist seit Jahrtausenden bekannt und begehrt. Er galt als Symbol der Unsterblichkeit, versprach Liebesfreuden und Schönheit und inspirierte früher wie heute Köchinnen und Köche zu köstlichen Gerichten. Vor allem aber war Honig ein Symbol für Glück und Reichtum: Schon im Alten Testament schürte die Sage vom Land, wo Milch und Honig fließen, Sehnsüchte nach paradiesischen Zuständen.
Der Siegeszug des Honigs begann schon früh: Bereits in der Steinzeit entdeckten die Menschen den einzigartigen Geschmack des Honigs: Damals ernteten sie das süße Naturprodukt aus den Brutstätten wilder Bienenvölker in hohlen Bäumen oder im Boden. Später – mit dem Ackerbau und der Viehzucht – nahm die alte und ehrwürdige Tradition der Imkerei ihren Anfang. Und im alten Ägypten und in der römisch-griechischen Antike wurde Honig begehrtes Handelsgut, Zahlungsmittel und eine beliebte Substanz für die Schönheitspflege und die Heilkunde.

Honig – das flüssige Gold

Damals war Honig etwas Wertvolles und Besonderes. Er war das einzige Süßungsmittel, das den Menschen zur Verfügung stand, denn Zucker gab es noch nicht. Dadurch war Honig sozusagen flüssiges Gold, ein Mittel, das schmeckt, heilt und schön macht. Durch die geringe Verfügbarkeit und seine große Beliebtheit war Honig so kostbar wie Salz und ein wichtiger Handelsartikel. Auch Steuern wurden in vielen Ländern in Form von Honig entrichtet. Bedeutende Philosophen und Ärzte wie Aristoteles und Hippokrates entdeckten Honig für die Medizin und auch der große Naturheilkundler Paracelsus schwor auf Honig als Nahrung und Heilmittel zugleich.

Um 400 v. Chr. lehrte Hippokrates, dass Honigsalben Fieber senken und Honigwasser die Leistung der Athleten bei den antiken Olympischen Spielen verbessert.

Renaissance des Honigs

Da Honig stets ein Hauch von etwas Außergewöhnlichem umgab, ist es nicht verwunderlich, dass in fast allen Mythologien der Glaube an die Kraft des Honigs eine Rolle spielt. So war man überzeugt, dass Honig Unsterblichkeit verleihen könne, und der Sage nach wurde Göttervater Zeus mit Honig und Ziegenmilch aufgezogen. Könige ließen ihren Leichnam mit Honig konservieren und einbalsamieren und die Pharaonen traten ihre Reise in ein Leben nach dem Tode mit Honigtöpfen an.
Aber auch im Diesseits setzte man auf die Zauberkraft des Honigs. Für die ewige Jugend badete schon Königin Cleopatra in Honig, um ihre Haut glatt und schön zu erhalten, und Frauen aller Jahrhunderte folgten ihrem Beispiel.
In den letzten Jahren wurden zahlreiche alte Hausmittel neu entdeckt. Auch Honig erlebte eine Renaissance und findet heute eine immer stärkere Verwendung in Küche, Kosmetik und Heilkunde. Viele Menschen begeistern sich für den speziellen Geschmack und die sinnlichen Kräfte von Honig und begeben sich auf die Spuren ihrer Vorfahren. Das Ergebnis sind neue Geschmackskombinationen mit Honig, die obendrein noch äußerst gesund sind, und sanfte Cremen, Masken und Bäder, die nähren und entspannen.

Entdecken Sie die Welt des Honigs und lassen Sie sich von seiner Vielseitigkeit überraschen!

Biene und Honig

Symbolträger in allen Kulturen

Der Name Honig stammt vom althochdeutschen Wort „honang" ab, was so viel bedeutet wie „der Goldfarbene". Bernsteinfunde belegen, dass Bienen bereits seit 40 bis 50 Millionen Jahren die Erde bevölkern. In der Steinzeit wurde Honig als Nahrungsmittel entdeckt und wegen seines süßen Aromas schnell bekannt und beliebt: Er versüßte das Leben der Menschen. Den Beweis dafür, dass auch der Urmensch sich bereits an dem dickflüssigen, süßen Elexier erfreute, lieferte eine Zeichnung in den Cuevas de Araña bei Valencia in Spanien: Sie dürfte vor ca. 12.000 Jahren entstanden sein und zeigt ein Mädchen, das Honigwaben aus einer Höhle oder von einem Baum holt.

Doch Honig war nicht nur ein Nahrungsmittel, es regte bald auch die Sinne und die Phantasie der Menschen an. So entwickelte sich der Honig zum Sinnbild für Glück und beflügelte über Generationen und Kulturen hinweg die Phantasie der Menschen.

Alte steinzeitliche Höhlenmalereien zeigen Menschen als „Honigjäger". Der wild lebenden Bienenvölkern abgenommene Honig wurde auch als Köder bei der Bärenjagd eingesetzt.

Die Tränen des Sonnengottes

Die Gabe der fleißigen Biene, scheinbar aus dem Nichts etwas so köstlich Süßes zu schaffen, wurde als ein Wunder angesehen. Die straffe Organisation ihres Staates wurde verherrlicht und ihr Stachel gefürchtet. Bienen und ihr Honig bekamen eine mythisch-religiöse Bedeutung.

Bei den alten Ägyptern galt Honig als unschätzbare Kostbarkeit. Sie sahen in ihm die lebendig gewordenen Tränen des Sonnengottes Re: Die Tränen des Gottes fielen auf die Erde, dort verwandelten sie sich in Bienen, die Waben bauten und Honig erzeugten. Deshalb wurde die Biene als Symbol für Göttlichkeit verehrt. Darüber hinaus diente Honig den Ägyptern als Handelsgut und Zahlungsmittel. Ein kleiner Topf mit der goldfarbenen Flüssigkeit wog nicht selten den Wert eines Rindes auf.

Um 3.000 v. Chr. galt im alten Ägypten Honig als „Speise der Götter" und Quelle der Unsterblichkeit.

Ähnlich sagenumwoben ist die Herkunft der Bienen bei den alten Griechen: Aristeus, der Sohn des Gottes Apollo, besaß einen Bienenstock. Doch er wollte Euridike, die Gattin des Orpheus, verführen. Diese aber wies ihn zurück und starb auf der Flucht vor dem Verehrer an einem Schlangenbiss. Um sich zu rächen, zerstörte Orpheus den Bienenstock von Aristeus. Auch die Götter waren über das Fehlverhalten von Aristeus entzürnt. Zu ihrer Besänftigung opferte er ihnen vier Stiere und vier junge Rinder: Ihren Eingeweiden entflogen Bienenschwärme, mit denen Aristeus seinen Bienenstock wieder aufbauen und die Menschen die Imkerei lehren konnte. Diese Legende wird vom großen römischen Dichter Vergil in seinem berühmten Lehrgedicht Georgica erzählt. Wie die Griechen glaubte auch er, dass Bienen spontan aus Tierkadavern entstehen.

In der indischen Mythologie wird der Gott Vishnu als Erhalter und Bewahrer der Welt in einer seiner Inkarnationen als blaue Biene dargestellt.

Ein „Land, wo Milch und Honig fließen" verspricht schon das Alte Testament und so stellte sich der Mensch das Paradies vor. Auch andere Stellen im Alten Testament der Bibel zeugen von der großen Bedeutung, die Honig hatte. Jakob schickt seine Söhne aus dem Land Kanaan zu Joseph nach Ägypten, um Korn zu kaufen, und beschenkte diesen mit den besten Erzeugnissen des Landes: etwas Balsam, etwas Honig, Tragakant, Ladanum und Mandeln.
Auch der Koran spricht in heiligen Worten von den Bienen und vom Honig: „Honig ist die erste Wohltat, die Gott den Menschen erwiesen hat." Und Mohammed pries den Honig als einzige Arznei überhaupt.

Symbol für Luxus und Weisheit

Als Nahrung und Getränk zugleich – wie die Milch – ist Honig in allen Überlieferungen das Sinnbild für Reichtum und Luxus. In den religiösen Schriften des Orients und des Okzidents fließen im heiligen Land Milch und Honig in Strömen. In der keltischen Tradition ist Met das Getränk der Unsterblichkeit – genauso wie in der griechischen Mythologie Honigwein der Trank der Götter im Olymp ist.
Honig repräsentiert Vollkommenheit und dient als Symbol von Erkenntnis, Wissen und Weisheit. Er ist den Auserwählten im Diesseits und Jenseits vorbehalten. Alle großen Propheten des Alten Testaments erwähnen Honig in ihren Schriften: Honig steht für Milde, Gerechtigkeit, Tugend und göttliche Güte.
Pythagoras soll sich sein Leben lang nur von Honig ernährt haben und Dichter wie Homer und Euripides schwärmten von Honig in den höchsten Tönen. Vergil nannte Honig das himmlische Geschenk des Taus, wobei Tau als Symbol der Initiation galt.
Der besondere Charakter von Honig ließ ihn zu einem wesentlichen Element in zahlreichen religiösen Riten werden. Bei den alten Ägyptern war Honig Teil aller religiösen Opfergaben. Im Islam glaubte man, dass Honig sehend macht, die Gesundheit bewahrt und Tote wieder auferstehen lässt. Bei den Indianern spielte Honig eine große Rolle bei den Initiations- und Reinigungsriten. Im Buddhismus ist Honig auch die Bezeichnung für höchste Glückseligkeit und den Zustand des Nirwana.

Honig als Quell des Glücks

Honig steht auch für Freude und Glück. Seine warme, goldgelbe Farbe und der Glanz an der Oberfläche des Honigs erinnern an das Leuchten der Sonne und lassen ein Gefühl von Wärme entstehen..
Flüssiger Honig ist klar und durchsichtig und hat im Allgemeinen die Farbe Honiggelb oder Orange. Dieser Farbton repräsentiert vitale Stärke und Aktivität und spendet Kraft nach physischer oder seelischer Erschöpfung. Orange ist die Farbe der Freude, des Lustigen und der Geselligkeit. Sie schafft Geborgenheit, Gemütlichkeit und emotionale Wärme. Pessimismus, Depression und Antriebslosigkeit werden positiv beeinflusst. Wegen ihrer anregenden Wirkung wird die Farbe Orange in der Farbtherapie auch zur Stärkung des Immunsystems und zur Aktivierung der körpereigenen Abwehrkräfte eingesetzt.
Orange ist die Farbe der Kinder und aller, die sich jugendlich und vital fühlen. Helles Orange bedeutet Fröhlichkeit und Kreativität.

Nach Augustinus ist der Honig ein Bild für die Zärtlichkeit Gottes und seiner Güte.

Met: berauschend und belebend

Honig war aber nicht nur der erste Süßstoff, er war auch Ausgangsbasis für alkoholische Getränke. Wenn Honigwasser in Gärung gerät, entsteht als Endprodukt Met oder Honigwein. Met war in allen frühen Kulturen der Alten und der Neuen Welt bekannt. Er galt als heiliges Getränk und wurde nur bei religiösen oder rituellen Anlässen getrunken. Oft wurde dabei eine rituelle Trunkenheit oder ein göttlicher Rausch angestrebt. Der Met war den Göttern geweiht. Er

wurde ihnen geopfert und durfte nur zu ihren Ehren getrunken und allein von Priestern, Schamanen oder Medizinmännern gebraut werden.

Das Wort „Met“ hat seine Wurzel im Sanskrit: „madhuparka“ war ein Getränk, das im alten Indien Gästen serviert wurde. Die ersten beiden Silben „madhu“ bedeuten „Honig“ und sind in den indogermanischen Sprachen die sprachliche Wurzel für Honigwein und für Rausch.

Die Herstellung von Met ist zwar zeitintensiv, aber im Grunde einfach. Honig wird in frischem Wasser gelöst und der Gärung überlassen. Diese setzt nach einigen Stunden ein und ist je nach Mischungsverhältnis rasch beendet. Durch Zugabe verschiedener Kräuter lässt sich der Geschmack variieren (siehe Seite 67 ff.).

In der Edda werden verschiedene Sorten von Met beschrieben. Met verhilft zu göttlicher Dichtkunst und ekstatischer Verzückung. Dieser Met war aber Wotan (oder Odin), dem Gott der Ekstase, vorbehalten. Manche Metsorten verliehen den Berserkern ihre Wut und Kraft. Außerdem konnte der mit Kräutern gewürzte Met den Liebesmüden zu neuer Liebeskraft verhelfen. Was leicht verständlich ist, da Met in sich die guten Eigenschaften des Honigs versammelt und sie mit dem erregenden Einfluss des Alkohols verbindet.

So steht Honig auch für die Süße der Liebe und wird in vielen Kulturkreisen als Aphrodisiakum verwendet: Er hat den Ruf, weibliche Fruchtbarkeit und männliche Potenz zu steigern. In England und den USA heißen die Flitterwochen „Honeymoon“. Der Ursprung dieser Bezeichnung liegt Jahrhunderte zurück, als es üblich war, zur Hochzeit den traditionellen Met, den Honigwein, zu trinken. Dieser sollte die Liebeskraft des jungen Paares fördern. Einen verwandten Brauch gibt es auch bei den Indern, der göttliche Nektar darf noch heute bei keinem Hochzeitsritual fehlen.

Zahlreiche Filmemacher benutzen Honig als erotisches Symbol, etwa in einer Szene in „9 1/2 Wochen“, in der der Liebende seiner Partnerin den Honig von der Haut leckt. Der orientalische Arzt Ibn Said (980 bis 1035) reichte Honig vermischt mit Ingwer gegen Impotenz. Und dass die Worte der Geliebten wie Honig von ihren Lippen tröpfeln – dieses poetische Bild findet sich schon in der Bibel (Hohelied Salomo 4, 11).

Auch in unserer Sprache gibt es zahlreiche Bilder, die auf die erotisierenden Kräfte des Honigs verweisen: Die Liebe ist süß. Ein erotisch geliebter Mund schmeckt nach Honig. Selbst das Sexualleben des Menschen wird oft mit dem der Bienen erklärt. Honig, Süße und Bienen werden mit dem Reich der Erotik, mit den Gefühlen der Liebe und der Sexualität in Verbindung gebracht. Und ein Traum von Honig soll dem Träumenden eine sexuell aktivere Zeit versprechen.

Die Biene als Herrschaftssymbol

Die Bewunderung von Biene und Honig sind untrennbar verbunden. Die Biene mit ihrem gut organisierten Bienenstock umgibt seit jeher eine ganz besondere Aura. Sie wird mit Licht und Sonne assoziiert, ernährt sich vom Nektar und lebt ihr ganzes Leben lang hingebungsvoll den Gesetzen der Ganzheit. Biene und Bienenkorb sind daher auch heute noch Symbole für Fleiß und Vorsorge. Aber wie die schöne Rose kann auch die Biene stechen. Deshalb wird ein Bienenschwarm oft als Plage empfunden und mit den Feinden verglichen.

Biene und Bienenkorb sind wichtige Embleme. Bienen bilden einen arbeitsamen, wohlhabenden Staat, an dessen Spitze eine Königin steht. Die Ägypter verehrten die Biene als Symbol für Göttlichkeit. Im alten Ägypten war die Biene ein Hoheitszeichen (vergleichbar dem Bundesadler) und Sinnbild für das besondere Verhältnis des Königtums zum Sonnengott Re (vergleichbar dem Kreuz).

Immer wieder wurde die Biene als Symbol des Königtums verwendet . So fand man im Grab von Childerich (gest. 481 nach Christus) 300 goldene

Bienen und der französische Kaiser Napoleon Bonaparte (1769 bis 1821) machte die Biene zu seinem Wappentier. Er ließ überall Bienenmotive anbringen, auf seinem Krönungsmantel wie auf seinen Teppichen. Sogar die Kirche bediente sich der Biene. Das Papstwappen von Urban VIII. (1568 bis 1644) enthielt drei Bienen.

Im klassischen Griechenland war die Biene das Emblem der Stadt Ephesus und Attribut der Stadtgöttin Artemis, die die alte „Große Mutter" repräsentierte. Der Hohepriester der Artemis trug den Beinamen „Bienenkönig" und ihre jungfräulichen Priesterinnen wurden als „Bienen" bezeichnet. Die Münzen der Stadt zeigten auf einer Seite das Bild der Biene.

Auch die Hüterin des delphischen Orakels wurde „Biene von Delphos" genannt. Der griechische Gott Apoll war der Beschützer der Bienen. Für ihn als Bienengott gab es am 24. Juli ein besonderes Fest und in seinem heiligen Bezirk überreichten die Hyperboräer kleine Tempelchen in der Gestalt von Bienenkörbchen.

Der griechische Gott Apoll war der Beschützer der Bienen.

Da Bienen Himmel und Erde bevölkern, dienen sie auch als Symbol für das Leben und die Seele. In der griechischen Mythologie wird die Biene manchmal mit Demeter, der Göttin der Erde und der Ernte, gleichgesetzt oder mit in die Unterwelt abgestiegenen Seelen. In Überlieferungen aus Sibirien, Mittelasien und von den südamerikanischen Indianer erscheint die Biene als die dem Körper entweichende Seele. Bei den Honigwein trinkenden Kelten oder bei den Galliern verkörpert die Biene Weisheit und die Unsterblichkeit der Seele. Als Symbol der Wiederauferstehung findet man sie auf Grabmalen als Zeichen des Lebens nach dem Tod.

Wegen des Honigs und des Stachels wird die Biene auch als Gleichnis für Christus angesehen: auf der einen Seite Milde und Erbarmen, auf der anderen Seite strenges Richten durch Christus, den Weltenrichter.

Sprachspiele und Redewendungen

Bienen symbolisieren auch Redegewandtheit und Intelligenz. Das hebräische Wort für Biene „Dbure" enthält die Wurzel „Dbr" – das Wort. Laut Vergil besitzen sie ein Stück der göttlichen Intelligenz und die berühmte Pythia von Apollo wurde auch „die Biene von Delphi" genannt. In einigen indischen Texten ist die Biene der Geist, der sich mit dem Pollen der Erkenntnis berauscht.

Auch in unserer Sprache finden sich zahlreiche Redewendungen, die auf die Bedeutung von Biene und Honig in der Menschheitsgeschichte Bezug nehmen:

Wer den Honig liebt, darf den Stachel nicht scheuen.

Allzu viel ist bitter, und wär's auch lauter Honig.

Honig im Munde, Galle im Schlunde.

Wer kein Geld hat, muss Honig im Munde haben.

Wer keine Bienen hat, muss selber schwärmen.

Die Bienen können das Fluchen nicht leiden.

Ein Dachs, der vom Honig lebt, weiß ihn auch zu finden.

Die Bienen sind gar nicht so fleißig, wie wir glauben. Sie können nur nicht langsamer fliegen.

Die Geizigen sind den Bienen zu vergleichen; sie arbeiten, als ob sie ewig leben würden.

Alte Zeiten waren selten Honigschlecken.

Bevor du den Pfeil der Wahrheit abschießt, tauche die Spitze in Honig.

Das Wort ist eine Biene: Es hat Honig und Stachel.

Der Honig ist nicht weit vom Stachel.

Alle Menschen sind bestechlich, sagt die Wespe zur Biene.

Freundliche Worte sind wie Honig: süß für den Gaumen und gesund für den ganzen Körper.

Die Honiggewinnung

Vom Bienenjäger zum Imker

Die Verwendung von Honig reicht in prähistorische Zeiten zurück. Ein beeindruckendes Zeugnis ist die bereits erwähnte steinzeitliche Wandmalerei in der Höhle von Araña in Spanien, die ein Mädchen beim Honigsammeln zeigt. Sie ist das älteste Dokument zur Gewinnung von Honig durch die Menschen. Etwa 10.000 Jahre v. Chr., nachdem die ersten Menschen sesshaft geworden waren, sammelten sie den Honig nicht mehr in den Wäldern, die zu dieser Zeit noch viele Gefahren bargen, sondern sie begannen selbst, Bienen zu züchten. Die wilde Biene wurde domestiziert.

Die Anfänge der Bienenzucht

Die ursprünglichste Art an Honig zu gelangen, war die Waldbienenjagd. Die natürlichen Bienenbehausungen, hohle Äste und Baumstämme, wurden geplündert und dabei zerstört. Später lernten die Menschen nach und nach sorgsamer mit den Bienenstöcken umzugehen. Der Rauch wurde als „Erntehelfer“ entdeckt und die Bienen wurden ausgeräuchert. Dadurch wurde die mehrfache Entnahme von Honig aus ein und demselben Stock möglich und eine kontrollierte Hausbienenhaltung nahm ihren Anfang.
In dieser Zeit begann der Mensch für die Honig produzierenden Wildbienen künstlich hergestellte Nistplätze aus Schilf oder Stroh in der Nähe seiner eigenen Behausung zu schaffen. Doch noch war die „Bienenjagd“ – so nannte man die Ernte von wildem Honig – äußerst gefährlich. Daher stand Honig auch nicht in großen Mengen zur Verfügung, sondern war eines der ersten Luxus-Lebensmittel. In den kommenden Tausenden von Jahren wurden weltweit verschiedene Formen und Materialien für Bienenbehausungen verwendet. So gab es geflochtene Körbe aus Schilf oder Stroh, ausgehöhlte, abgeschnittene Baumstücke oder ab etwa 5.500 bis 6.000 v. Chr. gebrannte Tonröhren. Alle „Bienenhäuser“ besitzen einen gewissen Höhlencharakter.

Ägypter: die ersten Bienenzüchter

Die Ersten, die planvoll Bienenzucht und somit Honiggewinnung in künstlich hergestellten Stöcken aus übereinander geschichteten Tonröhren betrieben, waren vermutlich die Ägypter des Alten Reiches (1. Dynastie, etwa um 3.000 v. Chr.).
Ab etwa 3.200 v. Chr. waren Bienen in der Hieroglyphenschrift das Symbol der Pharaonen. Auch das Siegel der Königin Hatschepsut wurde von diesem Symbol geschmückt. Der Honig war zu dieser Zeit so begehrt, dass Beamte das kostbare Elixier aus Griechenland und Syrien besorgen mussten. Honig war auch ein wichtiges Zahlungsmittel: Unter Ramses II. bekamen hohe Beamte einen Teil ihres Gehalts in Honig ausgezahlt. Für einen Topf Honig erhielt man einen Esel oder ein Rind.
Die Ägypter betrieben die Imkerei mit wissenschaftlicher Genauigkeit. Sie erkannten die positive Auswirkung von Honig- und Wachsproduktion auf die Erträge der ägyptischen Obstbauern, wenn die Bienenvölker in Gebiete gebracht wurden, in denen

Ein Mädchem beim Honigsammeln, eine Höhlenzeichnung in den Cuevas de Araña, ca. 12.000 v. Chr. (links oben). Bienenhaltung im alten Ägypten (rechts oben). Bienenstöcke, Illustration im „Tacunium sanitatis in Medicina", dem so genannten Hausbuch der Cerruti, Ende des 14. Jahrhunderts (links unten). Hippokrates entdeckte den Honig für die Medizin (rechts unten)

intensive Landwirtschaft betrieben wurde. Um 2.500 v. Chr. fuhren die Imker ihre Bienenstöcke in Tonbehältern mit Booten über den Nil und ließen die Bienen an geeigneten Stellen ausfliegen. Nachts fuhren sie zu neuen Gebieten. Daraus entstand die auch heute noch übliche Wanderimkerei auf dem Nil entstand.

Bienenzucht in anderen Kulturen

Die frühen Hochkulturen in Europa – die Stadtstaaten Sparta, Korinth, Athen und Theben – erlebten ihre Blütezeit zwischen 900 und 600 v. Chr. Während der goldenen Zeiten Athens (600 bis 300 v. Chr.) wurden

insbesondere durch Alexander den Großen der demokratische Gedanke und die griechische Zivilisation weit in den Nahen und mittleren Osten verbreitet. Hier liegen auch die Wurzeln der Naturkunde.
Die Griechen und Römer betrieben bereits intensiv Bienenzucht und Imkerei: Sie verwendeten zylindrische Röhren, die nicht nur aus Ton, sondern aus vielen anderen Materialien hergestellt wurden, zum Beispiel aus geflochtenen Zweigen, Korkrinden oder Holz. Der erste stehende Bienenkorb entstand zwischen 500 und 100 v. Chr. Die ältesten Körbe dieser Art waren aus Weidenzweigen gefertigt.
Bienen wurden im antiken Griechenland als „Vögel der Musen" bezeichnet. Sie galten als Boten der Götter und Honig wurde als Quelle der Weisheit, Beredsamkeit und Dichtkunst angesehen. So trug Zeus, der Göttervater, den Beinamen „Bienenkönig". Honig wurde als Schönheitsmittel gepriesen und als Heilmittel geschätzt. Der berühmte Arzt Hippokrates (ca. 460 bis 377 v. Chr.) verordnete das kostbare Elixier bei Fieber, Verletzungen, Geschwüren und eiternden Wunden. Die olympischen Athleten tranken Honigwasser, um rasch wieder zu Kräften zu kommen. Die alten Griechen waren auch die Ersten, die sich theoretisch mit dem Wesen der Biene, der Staatenbildung und der Honiggewinnung auseinander setzten.
Antike griechische und römische Autoren beschrieben die Bienen zwar äußerlich sehr detailliert und im Allgemeinen richtig. Die Beschreibung der Anatomie grenzte jedoch an das Märchenhafte: Sie besäßen kein Blut, atmeten nicht, leckten den Nektar mit der Zunge und sammelten ihre Kinder von Blüten – andere leugneten einfach ihre Fortpflanzung und behaupteten, sie entstünden aus verwesenden Rindern und toten Pferden.

Blütezeit der Imkerei

Bereits um 600 vor Christi gab es in Griechenland eine voll entwickelte und gesetzlich geregelte Imkerei. Der Philosoph Aristoteles (384 bis 322 v. Chr.) verfasste das erste Fachbuch über die Bienenzucht. Die Imkerei brachte im Römischen Reich so viel Profit ein, dass sich jeder römische Gutsherr wenigstens einen Bienensklaven hielt, der das Melarium, das Bienenhaus, betreute. Für die alten Römer gehörte die Bienenhaltung zur Allgemeinbildung. Aber nicht nur Naturwissenschaftler und Geographen wie Plinius oder Strabo befassten sich damit, sondern auch Dichter und Historiker wie Livius, Vergil und Ovid. Um das Verhalten der Bienen besser studieren zu können, ließ man sogar Körbe mit Sichtfenstern bauen, um sie zu beobachten. Die hohen Gewinne führten dazu, dass viele Berufsimker zusätzliche Bienenstände auf dem Land pachteten. Insgesamt erreichte die Bienenzucht ein stattliches Niveau. Honig wurde als universelles Heilmittel bewundert, das man bei Fieber, Potenzstörungen, Wunden und auch bei Depressionen einsetzte. Ein Leitsatz der römischen Ärzte war: „Iss Honig, und du bleibst gesund."
Mit der Ausbreitung des Römischen Reiches verbreitete sich auch die römische Literatur. Bei Vergil (70 bis 19 v. Chr.) wird intensiv über Bienenhaltung und Honig berichtet. Aus seinen Aufzeichnungen geht auch hervor, dass Honig in der römischen Küche vielfache Verwendung fand. Gelegentlich wurde sogar saurer Wein durch Zusatz von Honig nachgesüßt, um den herben Geschmack zu mildern. Frische Früchte, Gemüse und Fleisch wurden manchmal in Honig eingelegt, um sie zu konservieren.

Die Germanen: Honigwein und Götterspeise

Während die Germanen Honig als „Götterspeise" verehrten, genossen sie ihn selbst am liebsten als Wein – den Met. Auf dem Gebiet des heutigen Deutschlands weisen archäologische Ausgrabungen Zeugnisse der Bienenhaltung erstmals in der Zeit um 500 v. Chr. nach. Die Imkerei entwickelte sich in zwei Bereichen: Waldimkerei (Zeidlerei) und Korbimkerei. Die ersten Bienenzüchter verwendeten umgestülpte Strohkörbe als Bienenbehausung.

Traditionelle Bienenkörbe auf einer Waldlichtung

Odin, der germanische Göttervater, verdankte dem Honig seine Unsterblichkeit, Kraft und Weisheit. Steuern und Abgaben mussten teilweise in Form von Honig entrichtet werden. Adlige verwendeten Honig als Ehrengabe für ihr Gefolge.

Seine Blütezeit erlebte das Imkereiwesen im Mittelalter, denn noch immer war Honig das einzige Süßungsmittel. Einen großen Auftrieb bekam die Imkerei durch Karl den Großen: Er befahl, dass jeder Gutshof einen Imker und einen Metbauern, also einen Hersteller von Met, dem Honigwein, haben müsse. Zudem erließ er viele Gesetze zum Schutz der Imkerei.
Im 14. Jahrhundert gründeten sich in Deutschland die ersten Imkerzünfte. Das Berufsimkertum ging im 16. Jahrhundert von der Lüneburger Heide aus. Noch heute sind Honigkuchen und Nürnberger Lebkuchen mit ihrem unverwechselbaren Honigaroma das traditionelle Weihnachtsgebäck schlechthin.

Auch die Kirche förderte die Bienenzucht, denn die Bienenstöcke lieferten das Wachs für die Kerzen. Mit der Reformation im 16. Jahrhundert kam es zu einem erheblichen Rückgang des Wachsbedarfs und damit zu einem Einbruch der Bienenzucht.

Zeidlerei – die Waldbienenzucht

Eine Sonderform des Bienenzüchters ist der Zeidler oder Zeitler, dessen Beruf sich bereits im Frühmittelalter nachweisen lässt. Er sammelt den Honig wilder, halbwilder oder domestizierter Bienen in den Wäldern und hielt, anders als der Imker im heutigen Sinne, die Bienen nicht in gezimmerten Bienenstöcken oder Bienenkörben, sondern suchte sich gesunde, glatte und hohe Bäume aus und legte darin Bienenwohnungen an Das Wort „Zeidler“ kommt vom slawischen Wort „zidaln“ und bedeutet so viel wie „Honigwaben herausschaben“.

Moderne Bienenbehausungen aus Holz

Das Zeidelwesen stand im Mittelalter in hoher Blüte. Geeignete Wälder wurden in Zeidelweiden eingeteilt, die Zeidlern oder Zeidelmeistern unterstanden. Eine Zeidelweide umfasste ein Gebiet ähnlich den heutigen Jagdrevieren. Für die Zeidelweide, die erblich war, musste eine jährliche Gebühr entrichtet werden. Die Zeidler waren hoch angesehen und bildeten eine Vereinigung mit Rechten und Pflichten, die mit den später entstehenden Zünften vergleichbar ist. Sie kannten sogar eine umfassende eigene Gerichtsbarkeit.

Lange Zeit gab es Zeidler und Imker nebeneinander, doch letztlich verloren die Zeidler gegenüber den Imkern immer mehr an Boden.

Der Beginn der modernen Imkerei sowie die völlige Aufgabe der Waldimkerei werden zu Beginn des 19. Jahrhunderts angesetzt. Seither wurden die Ergebnisse zahlreicher wissenschaftlicher Entdeckungen und Erkenntnisse in der Imkerei umgesetzt.

Honig – beliebt bis heute

Lange Zeit war Honig das einzige Süßungsmittel der Menschen. Rohrzucker kam erst im späten Mittelalter nach Europa und wurde aufgrund seines horrenden Preises zur Luxusware, die sich nur Adlige leisten konnten.
Schon einige Jahrhunderte v. Chr. war die Zuckergewinnung aus Zuckerrohr bei den Persern bekannt und die Inder betrieben die Kunst des Rohrzuckeranbaus seit dem 4. Jahrhundert n. Chr. Die Araber übernahmen diese Technik, ab dem 8. Jahrhundert legten sie Zuckerrohrplantagen auf fast allen Mittelmeerinseln, in Nordafrika, Syrien und Palästina an.
Aber erst mit der industriellen Herstellung von Zucker im 19. Jahrhundert fiel der Zuckerpreis. Ab etwa 1850 trat der Zucker seinen Siegeszug an und eroberte einen festen Platz im alltäglichen Leben der Menschen. Damit wurde Honig als Süßungsmittel abgelöst – ein Genussmittel aber blieb er für uns.

Die Biene

Eine fleißige Honigsammlerin

Lange bevor der Mensch seinen Fuß auf die Erde setzte, übte die Biene ihre Tätigkeit in riesigen Wäldern aus und sorgte mit demselben Fleiß wie heute für die Bestäubung. Eine Fülle von versteinerten Pflanzen aus der Urzeit gibt Zeugnis und Einblick in die damalige Flora und die Ernährungsgrundlage der Insektenwelt. Den Bienen der Urzeit fehlte es nicht an Entfaltungsräumen in den riesigen Urwäldern. Hohle Bäume, Felsspalten und sonstige geschützte Stellen boten ihnen ausreichende Möglichkeiten für ihren Wabenbau.

Ein Insekt als Haustier

Bienen gehören zur Familie der Hautflügler. Weltweit sind ca. 20.000 Arten bekannt. Neben der Seidenraupe ist sie das einzige Insekt, das sich der Mensch zum Haustier gemacht hat. Die Bienen besitzen eine außergewöhnliche und hoch entwickelte Sinneswelt, die ihnen sehr hilfreich ist, um sich zu orientieren und miteinander zu kommunizieren.

Sie haben zwei Facettenaugen und am Scheitel ein zusätzliches Dreipunkteauge. So können sie Farben unterscheiden und sich Landschaftsmerkmale einprägen, denn ihre Sammelflüge gehen bis zu zehn Kilometer weit. Die Sonne, die sie auch bei dichter Bewölkung wahrnehmen können, dient ihnen als weitere Orientierungshilfe. Außerdem besitzen sie einen ausgereiften Zeitsinn. Die faszinierendste Fähigkeit der Biene aber besteht darin, dass sie neue Sammelplätze mit bestimmten Tänzen den anderen Bienen mitteilt. Auch Düfte und Töne werden zur Kommunikation benutzt.

Leben im Bienenstock

Das Bienenvolk besteht aus einer Königin oder „Weisel" (einem entwickelten Weibchen), 30.000 bis 70.000 Arbeitsbienen (Weibchen mit verkümmerten Keimdrüsen) und im Frühjahr aus ca. 500 bis 2.000 Drohnen (stachellose Männchen, die die Königin begatten).

Die Königin ist die größte Biene ihres Staates. Sie wird etwa 2 cm lang und ist an ihrem langen Hinterleib erkennbar. Sie legt täglich etwa 3.000 Eier in die Brutzellen, man nennt das das Bestiften der Zellen, und sorgt so für die gesamte Nachkommenschaft eines Stockes.

In Normalzellen legt sie befruchtete Zellen, aus denen nach drei Tagen weiße, beinlose Larven schlüpfen. Solche Larven nennt man Maden. Arbeiterbienen, die so genannten Ammenbienen, füttern diese Larven zuerst mit Futtersaft, den sie mit Futtersaftdrüsen erzeugen, und später mit Honig und Pollen.

In die etwas größeren Drohnenbrutzellen legt die Königin im Frühjahr unbefruchtete Eier, aus denen sich in 24 Tagen Männchen (Drohnen) entwickeln. Etwa im Mai bestiftet die Königin die beutelartigen Weiselzellen (Königinnenzellen) am Rand der Waben mit befruchteten Eiern. Die in diesen Zellen schlüpfenden Larven werden anders als die übrigen Maden ernährt, und zwar nur mit Futtersaft, der einen bestimmten Stoff, das Gelée royale, enthält. Innerhalb von 16 Tagen entwickeln sich neue Königinnen, die etwa fünf Jahre alt werden.

Der Wechsel der Königin kann auf zwei Arten erfolgen: entweder durch stille Umweiselung (die alte

Bienen bei der Arbeit – Stimmungsbilder aus dem Alltag des Imkers

Blühende Rapsfelder: ein Paradies für Bienen

Königin wird entfernt und durch eine nachgezüchtete junge Königin ersetzt, bleibt aber im Stock) oder durch Schwärmen (die alte oder die neue Königin wird dabei von einem Teil ihres Volkes aus dem Stock verdrängt und die ausschwärmenden Bienen bilden in der Nähe des Stockes eine Schwarmtraube und suchen einen neuen Wohnort). Der Imker muss nun den Schwarm rasch einfangen, weil er sich sonst eigenständig eine geeignete Wohnhöhle sucht und für den Imker verloren geht

Auch bei einer zu eng werdenden Behausung kommt es zum Schwärmen. Der Schwarmtrieb dient dem natürlichen Instinkt der Bienen, ihren Staat zu vergrößern. Die Bienen fangen dann an, so genannte Weiselzellen zu errichten, in die die Königin jeweils ein Ei legt.

Die Behausungen der Bienen, Bienenstöcke oder Beuten genannt, haben auch heute noch unterschiedliche Konstruktionen und bestehen aus verschiedenen Materialien wie Holz, Stroh Lehm oder auch aus Plastik.

Das Leben der Bienen

Die Biene lebt in einer straff organisierten Gemeinschaft von rund 30.000 bis 50.000 Bienen. Jedes Bienenvolk bewohnt einen eigenen Bienenstock, in dem jede Biene verschiedene klar definierte Aufgaben übernimmt, mit denen sie ihrem Volk „dient".

Das härteste Leben hat die Arbeitsbiene. Sie lebt in der warmen Jahreszeit 35 bis 40 Tage, bevor sie vor Erschöpfung stirbt (im Winter dagegen leben Arbeitsbienen sechs bis acht Monate). An den ersten zwei bis drei Tagen ihres Lebens säubert sie als Zellenputzerin die Zellen, aus denen zuvor ihre Gefährtinnen geschlüpft sind. Vom dritten bis zum fünften Tag füttert sie als Pflegebiene Larven mit Pollen. Vom sechsten bis zum neunten Tag versorgt sie als Ammenbiene die Larven und die Königin mit Gelée Royale. Die Baubienen produzieren Wachs und bauen Waben, verdeckeln Zellen und verkleinern Ritze und Löcher. Danach fungiert die Biene vom zehnten bis zum 18. Tag als Stockbiene. Sie nimmt den Sammlerinnen Pollen, Nektar und Harze ab und verarbeitet diese kostbaren Güter weiter. Jetzt hat sie das Alter

Ein eingespieltes Team: Biene und Blüte

der Putzbiene erreicht und ist auch für die Sauberkeit des Stockes zuständig. Ab dem 18. bis zum 20. Tag folgt die Zeit als Wächterin: Nun bewacht die Biene das Einflugsloch, umschwirrt den Stock und wehrt Eindringlinge ab. Ab dem 20. Tag schwärmt die Arbeitsbiene als Sammlerin aus und sucht Nektar, Honigtau, Pollen und Harze.

Das Leben der Königin verläuft dagegen völlig anders: Ein Hofstaat von Ammenbienen umschwärmt sie, um sie zu füttern, damit sie fit genug ist, um Eier zu legen. Sie ist für den Fortbestand des Volkes verantwortlich. Im Frühjahr und Sommer legt sie zwischen 1.000 und 3.000 Eiern täglich. In dieser Zeit ist genügend Nahrung vorhanden, um die Brut großzuziehen. Vier bis sechs Jahre lebt die Königin. Diese lange Lebensdauer verdankt sie ihrer Ernährung: Schon als Larve wird sie mit Gelée Royale gefüttert.

Die einzige Aufgabe der Drohnen ist die Begattung der Königin. Auch die Drohnen werden von den Arbeitsbienen gefüttert. Vor dem Winter werden sie aber von den Arbeiterinnen aus dem Stock getrieben (Drohnenschlacht): Dagegen können sich die Drohnen nicht wehren. Sie haben nämlich keinen Stachel, nur die weiblichen Bienen können stechen. Menschen und Tiere, die den Bienenstock, oder das Leben der Biene bedrohen, werden von den Bienen attackiert. Sie benutzen dazu ihre Waffe, welche mit einer Giftdrüse versehen ist. Damit wehren sie hauptsächlich feindliche Insekten ab.

Da der Stachel mit Widerhaken versehen ist, die sich in der elastischen Haut von Mensch und Tier verankern, stirbt die Biene nach einem solchen Stich. Aus der spröden Haut von Insekten vermag sie den Stachel unbeschadet wieder herauszuziehen. Sie sind also nicht nur fleißige Arbeiterinnen, sondern auch Kriegerinnen, wenn es darauf ankommt.

Die Honigerzeugung geschieht auf zwei Arten: Zum einen wird Nektar, eine zuckerhaltige Ausscheidung pflanzlicher Drüsen, aus Blüten gesammelt, zum anderen Honigtau, eine zuckerhaltige Ausscheidung Pflanzen saugender Insekten von Blättern und Nadeln. Pro Minute befliegt eine Biene bis zu 30 Blüten, pro Tag sind das ca. 18.000 Blütenbesuche. Für ein Kilogramm Honig werden vier Kilogramm Nektar gebraucht, das entspricht 100.000 Sammelflügen.

Der Honig

Göttlicher Nektar seit Urzeiten

Honig, Pollen, Gelée royale, Wachs und Propolis bilden seit vielen Jahren die Lebensgrundlage der Bienenvölker. Sie decken damit ihren Nahrungsbedarf und wehren Krankheitserreger ab. Gemeinsam ist allen diesen Produkten, dass sie nur durch die Tätigkeit der Bienen aus den verschiedenen Rohstoffen entstehen können. Die Rohstoffe werden konzentriert und durch körpereigene Stoffe der Bienen angereichert und umgewandelt, bis daraus eine einmalige Wirkstoffkombination entsteht.

Bis heute ist der Mensch nicht in der Lage, diese Produkte in der gleichen Zusammensetzung selbst zu erzeugen. Der Anwendungsbereich der Bienenprodukte ist durch die Vielfalt an Inhaltsstoffen sehr weit gesteckt. Er reicht von der Ernährung über die Medizin und Naturheilkunde bis zur Schönheitspflege. Vom Gesetzgeber werden Bienenprodukte entweder als Lebensmittel (Honig) oder als so genannte „Verzehrprodukte"(Pollen, Propolis, Gelée royale) oder diätetische Mittel eingestuft.

Wie entsteht Honig?

Honig wird von den Bienen produziert. Dabei nehmen die Arbeitsbienen mit ihrem Rüssel den Nektar und Honigtau aus den Pflanzen auf. Für ein Kilogramm Honig müssen Bienen eine Strecke zurücklegen, die einem Mehrfachen des Erdumfangs entspricht.

Aber der gesammelte Nektar ist noch lange kein Honig. Bis das flüssige Gold erntereif ist, muss es noch viele Bienenmägen durchwandern: Den Nektar, eine Zuckerlösung, die hauptsächlich aus in Wasser gelöster Saccharose besteht, vermischen sie mit körpereigenen Stoffen und wandeln sie in eine konzentrierte Lösung aus einfachen Zuckern um. Dabei entsteht der Honig, der nun in den Honigwaben im Bienenstock eingelagert wird. Sobald diese voll sind, werden sie mit einem dünnen Wachsdeckel verschlossen.

Das Sammeln von Nektar

Eine Sammelbiene fliegt auf der Suche nach Nektar so lange dieselbe Blütenart an, wie der Blumenvorrat reicht. Dadurch entsteht mehr oder weniger sortenreiner Honig und „nebenbei" werden die Pflanzen mit Blütenpollen ihrer eigenen Art bestäubt. Die Sammlerin saugt den Nektar auf und in ihrem Honigmagen spalten körpereigene Enzyme den Saft in Frucht- und Traubenzucker. Im Stock würgt sie den Nektar wieder heraus und gibt ihn an jüngere Kolleginnen aus dem Innendienst ab.

Von Biene zu Biene

Während der Tropfen von Biene zu Biene wandert, mengt ihm jede etwas Speichel bei. Durch die im Speichel enthaltenen Enzyme ändert sich das Zuckerspektrum des werdenden Honigs. Andere Arbeiterinnen saugen den süßen Saft mehrmals in den Honigmagen ein und würgen ihn wieder heraus, damit der unreife Honig dickflüssiger wird. In der Wabe im Bienenstock, wird er schließlich durch besondere Entfeuchtungs- und Belüftungstechniken wie schnelles Flügelschlagen weiter eingedickt, bis er mit einem Wassergehalt von ungefähr 20 Prozent die richtige Reife hat. Dann wird die Wabenzelle mit einem Wachsdeckel verschlossen.

Die Arbeit des Imkers

In der Wabenzelle reift der Honig, bis ihn der Imker erntet. Wenn der Wabendeckel der Wabenzellen leicht eingefallen ist, ist der Honig reif. In der Regel ist dieser Zeitpunkt nach einer Blütezeit erreicht, wenn drei Viertel der Honigwaben verschlossen sind. Um die Wabenrahmen aus den Bienenstöcken entnehmen zu können, werden die Bienen durch Räuchern oder durch ein Gebläse aus dem Bienenstock vertrieben. Danach entnimmt der Imker die eingehängten Rahmen, lässt aber einen Teil des Honigs zurück, damit die Bienen nicht verhungern. Anschließend werden die Waben mit einer speziellen Gabel „entdeckelt“, also geöffnet, um an den Honig zu gelangen.

Darauf folgt die Schleuderung des in den Zellen befindlichen Honigs mit einer Zentrifugalschleuder. Der Honig wird gesiebt, bevor er in einem Reifebehälter gelagert wird.

Durch ein feines Sieb wird verhindert, dass Pflanzenteilchen oder winzige Wabenstücke in den Honig gelangen. Schließlich wird der Honig in Gläser abgefüllt und gelangt so in den Handel.

Eigenschaften des Honigs

Honig ist im frischen Zustand klar und flüssig. Die Farbe des Honigs richtet sich nach geographischer und pflanzlicher Herkunft. Waldhonig hat einen höheren Mineralstoffanteil als Blütenhonig, der allerdings wieder mehr Vitamine enthält. Geruch und Geschmack sind würzig bis aromatisch und werden von der Herkunft, aber auch von der Art der Gewinnung bestimmt. Die teuersten Honigsorten sind die, von denen nicht unbegrenzte Mengen angeboten werden können, zum Beispiel Tannenhonig, Heidehonig und solche, die man nur als Spezialität kaufen kann. Sortenhonige, wie Akazienhonig und Orangenhonig gehören zur mittleren Preisklasse. Am preiswertesten sind Mischblütenhonige.

Honigsorten auf einen Blick

Weltweit gibt es mehr als 100 Honigsorten, die in Farbe, Konsistenz und Geschmack vielfältige Variationen zeigen. Man unterscheidet in erster Linie zwischen Blütenhonig und Honigtauhonig.

Honigtauhonig

Bienen gewinnen diesen Honig nicht aus Blütennektar, sondern aus Honigtau. Er wird zum Beispiel von Blatt- und Schildläusen gebildet. Diese Insekten ernähren sich von dem Saft verschiedener Pflanzen und scheiden die überschüssige Flüssigkeit in Form von Honigtau wieder aus. Dieser lagert sich auf Blättern, Nadeln und Zweigen ab und wird dort von Bienen aufgesammelt und im Bienenstock zu Honig verarbeitet. Honigtauhonig besitzt im Gegensatz zum Blütenhonig mehr Fruchtzucker und bleibt deshalb meist lange flüssig. Er besitzt auch oft eine deutlich dunklere Farbe.

Blütenhonig

Er kann sowohl aus einer Pflanze oder aber, als so genannter Mischblütenhonig, aus dem Nektar verschiedener Pflanzen gewonnen werden. Trägt ein Honig allerdings den Namen einer Pflanzenart, wie beispielsweise der „Rapshonig“, muss dieser Honig auch zum größten Teil von der Rapsblüte stammen. Andernfalls dürfte er nicht nach ihr benannt werden.

MIEL 1 KG 11,50€
Sauf : Lavande 17€
Acacia 12,90€
Thym 12,90€
Romarin 12,90€
Rhododendron 12,90€
Bruyere 12,90€
Sapin 14,90€
Caféier 14,90€
Framboisier
Pomme
9€
Cueillère à Miel
- 3,90€
MIEL
D'ACACIA
MIEL
MIEL
DE
RHODODENDRON
MIEL
MIEL

Verschiedene Honigsorten

Akazienhonig

Dieser überwiegend aus dem Nektar der Scheinakazie gewonnene Honig hat einen lieblichen, fein süßen Geschmack und eine zartgelbe Farbe. Durch seinen hohen Gehalt an Fruchtzucker bleibt er lange dickflüssig und kristallisiert nur langsam aus. Dank seines lieblichen Geschmacks eignet er sich ausgezeichnet zum Süßen von Tee und Fruchtsalaten.

Herkunft: Akazie, Robinie
Farbe: hell bis goldgelb
Konsistenz: dünnflüssig
Geschmack: äußerst mild

Buchweizenhonig

Eine amerikanische Studie an 105 hustenden Kindern zeigte, dass Buchweizenhonig eine genauso gute Husten stillende Wirkung hat wie normaler Hustensaft. Traditionell wird dieser Honig vor allem bei der Lebkuchenbäckerei verwendet. Buchweizenhonig hat ein dunkelbraunes bis rötliches Aussehen und eine pastöse Konsistenz. Mit seinem besonders kräftigen Aroma wird er gerne für die Lebkuchenherstellung verwendet.

Herkunft: Buchweizen
Farbe: dunkelbraun bis schwarz
Konsistenz: feincremig
Geschmack: sehr kräftig, fast harzig

Bergblütenhonig

Dieser Blütenhonig stammt ausschließlich aus Gebirgsregionen. Im Geschmack ist er fein blumig und unvergleichlich aromatisch. Je nach Herkunft ist seine Beschaffenheit kristallin bis dickflüssig und seine Farbe reicht von hellgelb über goldgelb bis goldbraun.

Herkunft: Berggegenden und Höhenlagen
Farbe: hellgelb bis goldgelb
Konsistenz: dickflüssig
Geschmack: blumig

Edelkastanienhonig

Die Blüten der Edelkastanie, oft auch Esskastanie oder Marone genannt, bieten den Bienen eine sehr ergiebige Honigquelle. In Deutschland ist die Edelkastanie besonders im Pfälzerwald, Rheintal und Taunus weit verbreitet.

Herkunft: Edelkastanie
Farbe: hellbraun bis dunkelbraun
Konsistenz: dünnflüssig, kristallisiert langsam
Geschmack: herb, leicht bitter

Heidehonig

Aufgrund der geleeartigen Konsistenz von Heidehonig gibt es bei seiner Gewinnung eine Besonderheit. Der Honig wird ebenfalls geschleudert, zusätzlich wird jedoch jede Wabenzelle mit einem erwärmten, kleinen Metallstift angepiekst, damit der Honig leichter herausfließen kann. Der Nektar der Besenheide wird in Norddeutschland, Frankreich und auch in Spanien gewonnen. Diese aromatisch, herb-würzige Spezialität mit goldbrauner bis rotbrauner Farbe hat eine geleeartige, dickflüssige Konsistenz.

Herkunft: Besenheide, auch Heidekraut genannt
Farbe: goldgelb bis rotbraun
Konsistenz: dickflüssig bis geleeartig
Geschmack: herb-würzig

Eukalyptushonig

Ein Honig, der primär aus den Eukalyptuswäldern Australiens stammt. Die Bäume liefern nicht nur Nektar, sondern auch Honigtau. Er ist von feincremiger Konsistenz und seine Farbe schwankt von Gold- bis Dunkelbraun. Sein typischer Geschmack ist fruchtig würzig und malzartig.

Herkunft: Eukalyptus
Farbe: goldbraun
Konsistenz: cremig
Geschmack: würzig

Kleehonig

Kleehonig gilt als ausgesprochen fein. Er ist herrlich cremig, mit einem lieblichen, mild-süßen Geschmack und einer fast perlmuttartig weißen bis rotgoldenen Farbe. Aufgrund seines hohen Trauben zuckergehaltes ist er nicht nur ein schneller Energiespender, sondern er kristallisiert auch rasch aus. Er eignet sich als Brotaufstrich, Süßstoff für Getränke, Gebäck und Gerichte wie Geflügel mit Honigkruste.

Herkunft: Klee
Farbe: weiß bis rotgold
Konsistenz: cremig
Geschmack: mild

Weiß-Kleehonig

Der Rot-Klee, wird meist von langrüsseligen Hummeln angeflogen. Die Honigbienen bevorzugen mit ihrem kaum halb so langen Rüssel eher den Weiß-Klee.

Herkunft: Weiß-Klee
Farbe: weiß
Konsistenz: cremig, kristallisiert schnell
Geschmack: mild

Lindenblütenhonig

Nicht zu verwechseln mit Lindenhonig, der aus Nektar und Honigtau gewonnen wird. Lindenblütenhonig hat einen gewissen Anteil an Honigtau. Er hat einen typisch, kräftig aromatischen Geschmack und eine zartgelbe bis leicht grünliche Farbe.

Herkunft: Lindenblüten
Farbe: grünlichgelb
Konsistenz: flüssig
Geschmack: mild

Rapshonig

In Deutschland ist die Rapsblüte für Honigbienen eine der wichtigsten Nektarquellen. Rapshonig hat eine helle, fast weiße Farbe und kristallisiert wegen seines hohen Traubenzuckergehaltes besonders schnell, gleichmäßig und fein aus. Im Geschmack ist dieser Blütenhonig zart aromatisch und hat je nach Rapssorte ein mehr oder weniger stark ausgeprägtes Aroma.

Herkunft: Rapspflanze
Farbe: weißlich bis hellgelb
Konsistenz: cremig, kristallisiert schnell
Geschmack: süß, dezent

Orangenhonig

Er stammt aus allen Ländern, in denen Zitrusfrüchte angebaut werden. Er hat einen lieblich-feinen Duft und wird wegen seines unverkennbaren Aromas sehr geschätzt. Der feincremige Honig hat eine gelbe Farbe mit rötlichem Unterton. Er eignet sich hervorragend für Desserts und zum Verfeinern von mediterranen Speisen.

Herkunft: Orangenbäume
Farbe: hellgelb
Konsistenz: cremig
Geschmack: fein-delikat

Löwenzahnhonig

Weil der Löwenzahn schon sehr früh erblüht, ist er sehr wichtig für die Entwicklung der Bienen im Frühjahr.

Herkunft: Löwenzahn
Farbe: gelb
Konsistenz: körnig
Geschmack: aromatisch

Phaceliahonig

Die Phacelia wird auch Bienenweide, Bienenfreund, Büschelschön oder Büschelblume genannt und ist als Imkerpflanze sehr ertragreich.

Herkunft: Phaceliablüte
Farbe: hellbeige bis weiß
Konsistenz: cremig
Geschmack: mild

Sonnenblumenhonig

Die Sonnenblume folgt dem Lauf der Sonne von Ost nach West. Diese Eigenschaft nennt man Heliotropismus (griechisch, „Hinwendung zur Sonne"). Sonnenblumenhonig ist von cremiger Konsistenz mit einem besonders süßen, dezenten Geschmack und stark blumigen Aroma. Ebenso wie die augenfällige Blüte hat auch er eine leuchtend sonnengelbe Farbe.

Herkunft: Sonnenblume
Farbe: hellgelb bis orange-gelb
Konsistenz: cremig
Geschmack: mild, riecht leicht harzig

Salbeihonig

Dieser dünnflüssige Honig kommt in der Regel aus Kalifornien. Er hat eine helle Bernsteinfarbe und schmeckt pikant-fruchtig. Aufgrund seiner geringen Produktion ist er eine kostbare und teure Rarität.

Herkunft: Salbei
Farbe: bernsteinfarben
Konsistenz: dünnflüssig
Geschmack: pikant-fruchtig

Thymianhonig

Thymianhonig stammt aus Südeuropa und Asien. Bedingt durch seine ätherischen Öle hat dieser Honig ein volles und sehr herbes Kräuteraroma. In seiner Qualität ist er cremig-kristallin.

Herkunft: wilder Thymian
Farbe: dunkelorange
Konsistenz: cremig
Geschmack: herb, kräuterartig

Tannenhonig

Tannenhonig ist ein dünnflüssiger Honigtauhonig, der von der Weiß- und Rottanne stammt. Er hat einen stark, aromatisch harzigwürzigen Geschmack und eine tiefdunkelbraune bis grünlichschwarze Farbe. Er kristallisiert sehr langsam aus.

Herkunft: Tannen
Farbe: braun bis grünschwarz
Konsistenz: zähflüssig
Geschmack: sehr würzig

Waldhonig

Waldhonig ist der bekannteste Honigtauhonig und kann sowohl von Laub- als auch von Nadelbäumen stammen. Dieser kräftige dunkle Honig hat einen herbwürzigen Geschmack, er enthält viel Fruchtzucker und bleibt somit lange flüssig.

Herkunft: Honigtau verschiedener Baumarten
Farbe: gelb- bis rotbraun
Konsistenz: zähflüssig
Geschmack: würzig, herb

Die Aufbewahrung von Honig

Honig sollte generell gut verschlossen und in einem dunklen Raum aufbewahrt werden, weil er sonst Wasser aus der Luft anzieht und/oder Gerüche und Geschmäcker aus der Umgebung annehmen kann (z. B. Seife, Käse, Kartoffeln, Öl etc.). Mit der Zeit kristallisiert der Honig, doch dieser kristallisierte Honig ist genauso wertvoll wie der flüssige, vorausgesetzt es ist ein reiner und unverfälschter Honig. Damit der kandierte Honig wieder flüssig wird, stellen Sie das Glas einfach etwa eine halbe Stunde lang in einen Topf mit gerade noch lauwarmem Wasser. Auf keinen Fall darf das Wasser zu heiß werden, denn Honig ist äußerst wärmeempfindlich. Da Honig natürliche Säuren enthält, sollte man auch den Löffel nicht darin stehen lassen.

Schädlich für Honig ist vor allem Wärme, Feuchtigkeit und Küchendunst, denn das sind die besten Voraussetzungen für Gärungen im Honig. Kühl, trocken und dunkel kann Honig über Jahre hinweg gelagert werden. Die optimale Lagertemperatur beträgt ca. 10 bis 12 °C für cremige Honige und 18 bis 20 °C für flüssige Honige.

Bunte Blütenpollen

Weitere Honigprodukte

Neben Honig liefern Bienen weitere Produkte, die aus unterschiedlichen Gründen auch für den Menschen von großem Wert sind und sehr geschätzt werden.

Blütenpollen

Pollen enthalten alle Inhaltsstoffe, die für Bienen und Brut lebensnotwendig sind, unter anderem dient der Pollen den Bienen als maßgeblicher Eiweißlieferant. Der individuelle Nährwert ist immer von der botanischen Herkunft abhängig. Nadelbaumpollen gelten beispielsweise als minderwertig und sogar lebensverkürzend, während Obst-, Weide-, Mohn- und Kleepollen zu den weniger bis hochwirksamen und lebensverlängernden Pollen gehören. Pollen werden als gesunde Nahrungsergänzung empfohlen, beispielsweise als Beimischung für Müslis, da Pollen reich an Vitaminen, Mineralstoffen und Spurenelementen sind. Pollen gehören zu den Naturprodukten mit dem höchsten Anteil an lebensnotwendigen Aminosäuren.

Gelée royale (Weiselfuttersaft)

Der Königinnenfuttersaft ist ein natürliches Produkt und für das Überleben eines Bienenvolkes unverzichtbar. Der Saft wird von den Arbeitsbienen in ihren Speichel- und Futterdrüsen gebildet. Mit dem fertigen Produkt füttern die Arbeitsbienen die Königin. Sie ist die Einzige, die während der gesamten Versorgungsphase Weiselfuttersaft erhält. Die Larven von Arbeiterinnen und Drohnen werden bereits nach wenigen Tagen mit Honig und Pollen versorgt.

Gelée royale ist auch für den Menschen äußerst gesund. Es enthält eine Kombination aus Fettsäuren, Vitaminen, Aminosäuren und Spurenelementen und soll eine allgemein anregende Wirkung auf den Blutdruck sowie den Gesamtstoffwechsel des Menschen und auch eine Krebs hemmende Wirkung haben. Es wird zu Pillen, Pasten und Salben verarbeitet.

Propolis (Bienenkittharz)

Propolis ist das Kittharz, das Bienen produzieren, um ihre Stöcke abzudichten. Propolis hat hohe antibiotische, anästhetische und entzündungshemmende Eigenschaften und wirkt positiv bei der Heilung von Wunden. Zudem ist Propolis gut für das Immunsystem und stärkt die Abwehrkräfte. Propolis wird in Alkohol gelöst angeboten und in der Naturheilkunde zur Stärkung des Immunsystems, speziell zur Vorbeugung und Heilung von Erkältungskrankheiten, bei innerlichen und äußerlichen Entzündungen mit Erfolg angewendet.

Met (Honigwein)

Met enthält alle die wertvollen Inhaltsstoffe des Honigs. Darüber hinaus wird durch den im Gärprozess erzeugten Alkohol Propolis aufgenommen, das in dem leicht alkoholischen Getränk in geringen Mengen vorkommt und eine positive Wirkung im menschlichen Organismus entfalten kann.

Bienenwachs

Das Wachs wird in den Wachsdrüsen der Arbeitsbienen gebildet, die sich am Bauch befinden. In den Drüsen ist das Wachs in flüssigem Zustand, doch verfestigt es sich in Blättchenform beim Austritt und beim Kontakt mit Luft. Das Wachs wird unter anderem zum Bau der Waben verwendet. Bienenwachs wurde schon in der Antike als Einbalsamierungsmittel geschätzt. Heute findet sich Bienenwachs in Poliermitteln und wird zu Kerzen verarbeitet. Von den Menschen wird der Genuss von Wachs in Verbindung mit Wabenhonig wegen seiner antibiotischen Wirkung geschätzt. Die Imkerei nennt das Bienenbrot. Meist sind im Bienenbrot sehr viel Pollen und leichte Anteile von Propolis und Honig enthalten.

Gelée Royale, Blütenpollen- und
Weizenkeimextrakt mit Vitaminen
in Orangensaft
zur Nahrungsergänzung

Die heilenden Kräfte des Honigs

Heilen · Pflegen · Entspannen

Die alten griechischen Ärzte wie die frühen Anhänger der Naturheilkunde setzten auf Honig als ein natürliches Mittel für Gesundheit und Schönheit. Denn Honig ist nicht nur süß, sondern er ist auch ein Energiespender und macht fit, da er reich an bioaktiven Substanzen ist. Er enthält Flavonoide sowie Duft- und Aromastoffe, die wichtig für den Stoffwechsel sind. Mineralien, Vitamine und Spurenelemente liegen zwar in geringer Konzentration vor, ergänzen sich aber in ihrer Wirkung. Für die Menschen früherer Zeiten war Honig etwas Vollkommenes: Nahrungsmittel und Heilmittel in einem. Und auch bei uns hat sich Honig in der alternativen Medizin und als Hausmittel erhalten. Heute wird die heilende Kraft des Honigs wieder neu entdeckt – und als eines der letzten Naturgeheimnisse weiter erforscht.

Honig – Genuss ohne Reue

Die besondere Qualität des Honigs liegt in der Vielfalt der einzelnen Wirkstoffe, die harmonisch ineinander greifen. Gerade heute, wo Lebensmittel immer mehr durch Schadstoffe belastet sind, kommt dem Honig als einem der wenigen Lebensmittel, das als reines Naturprodukt gilt und vom Menschen nicht weiter verarbeitet wird, große Bedeutung zu. Schon eine kleine Dosis genügt, um wohltuend zu wirken.

Lange Zeit war Honig vor allem als Süßungsmittel bekannt und kann daher bei einem der größten Ernährungsprobleme der heutigen Zeit Abhilfe schaffen: Immer mehr Menschen nehmen zu viele Kohlenhydrate in Form von Zucker zu sich. Zucker aber ist in unserer Ernährung der größte Energieräuber. Ganz anders das Naturprodukt Honig: Er liefert dem Körper wertvolle, leicht verdauliche Zuckerarten und wertvolle Vitalstoffe und bietet daher eine ideale Alternative.

Neben seinem Zuckergehalt besitzt Honig über 100 Aromastoffe und andere Stoffe, deren schleimlösende, entzündungshemmende und antibiotische Wirksamkeit seit Jahrtausenden erprobt ist. Er wirkt vorbeugend gegen viele Beschwerden und verstärkt die Wirkung von Heiltees. Man sollte den Honig aber erst kurz vor dem Trinken zusetzen, da einige seiner Wirkstoffe sehr hitzeempfindlich sind.

Die im Honig enthaltenen Substanzen haben sich als effektives Mittel gegen Keime und Bakterien erwiesen und werden in der Behandlung von Wunden eingesetzt. Man vermutet, dass Honig in der Lage ist, den Bakterienzellen Wasser zu entziehen, so dass diese austrocknen und absterben. Darüber hinaus verfügt er über antibiotisch wirksame Substanzen, die so genannten Inhibine (Hemmstoffe). Daher hilft Honig bei Haut-, Magen-, Darm- und Atemwegserkrankungen und dient zur Steigerung der Leistungsfähigkeit. In der Hausapotheke hatte Honig zu allen Zeit einen festen Platz, um Linderung bei Husten und Heiserkeit zu verschaffen. Auch heute enthalten die meisten Hustensäfte Honig in irgendeiner Form und Zitronensaft als Vitamin-C-Lieferant.

Eine beruhigende Wirkung hat Honig auch für die Nerven: Die im Honig enthaltenen ätherischen Öle stimulieren das Nervensystem und entspannen die Muskeln. Außerdem wirken sie wohltuend auf die Herz-Kreislauf-Tätigkeit und können daher bei regelmäßigem Genuss eine bessere Durchblutung bewirken.

Alte Tradition als Heilmittel

In vielen Kulturkreisen sind die heilenden Kräfte von Honig seit langem bekannt (erste Aufzeichnungen stammen aus dem Jahr 2500 v. Chr.). Honig wurde sowohl zur äußeren Behandlung eingesetzt als auch als heilender Saft eingenommen.

Bei den alten Ägyptern war Honig als Heilmittel sehr beliebt und in vielen Arzneien enthalten: In einem alten Schriftstück findet man die Anleitung, den Honig direkt auf die betreffende Körperstelle zu streichen und diese mit einem Tuch zu verbinden. Diese Methode wurde bei offenen Wunden, Schnittwunden, Verbrennungen und Geschwüren angewendet. Im Erfolgsfall trockneten die Wunden aus und heilten ab, ohne gravierende Narben zu hinterlassen. Der Honig schützte die Wunden auch vor weiteren äußerlichen Infektionen, auch Zucker wurde ähnlich eingesetzt. Noch heute kommt Honig bei der Behandlung von Wunden und Verbrennungen zum Einsatz.

Hippokrates (460 bis 377 v. Chr.), der Vater der Medizin, verordnete Honig als Heilmittel bei Fieber, Verletzungen, Geschwüren und eiternden Wunden. Honig war sein liebstes Medikament. Er verwendete Honig für Krankheiten aller Art, zur Wundbehandlung wie auch zur Schönheitspflege.

Bei den Römern galt, wer Honig isst, wird nicht krank. Honig war für sie ein universelles Heilmittel, er wurde eingesetzt bei Fieber, Potenzstörungen, Wunden und Depressionen.

Auch Paracelsus (1494 bis 1541), der Begründer der Naturheilkunde, zählte Honig zu den Wunderwaffen der Medizin und verwendete ihn sehr großzügig in Salben und Elixieren.

Aber: Kein Honig für Säuglinge!

Für unsere Kleinsten kann Honig gefährlich sein. Die noch nicht vollständig entwickelte Darmflora von Säuglingen ist weitaus anfälliger für bakterielle Infektionen als die erwachsener Menschen. Da manche Bakterien im Honig überleben können, sollte bei Säuglingen unter zwölf Monaten Honig in keinem Fall ein Bestandteil der Nahrung sein. Besonders gefährlich ist in diesem Zusammenhang das Bakterium Clostridium botulinum, dessen Gift zu Lähmungserscheinungen (Botulismus) führen kann.

Die Wirkung verschiedener Honigsorten

Waldhonig ist reich an Harzen und ätherischen Ölen. Er lindert Atemwegserkrankungen wie Halsentzündungen, Bronchialkatarrhe und Lungenentzündungen. Außerdem regt er den Harnfluss an und hilft gegen Entzündungen des Urogenitaltrakts.

Lindenblütenhonig ist antiseptisch und beruhigt. Man setzt ihn zusammen mit Lindenblütentee gegen fiebrige Erkrankungen ein.

Melissenhonig beruhigt bei Nervenentzündungen und ist außerdem krampflösend.

Kleehonig löst Krämpfe und Schleim. Man setzt ihn gegen Durchfall, aber auch gegen Harnverhaltung ein.

Akazien- oder Robinienhonig empfiehlt sich gegen Übersäuerung des Magens und reinigt das Blut.

Kastanienhonig kann Gefäßerkrankungen günstig beeinflussen. Er stärkt Rekonvaleszenz und altersschwache Patienten. Er regt den Appetit an, man kann ihn deshalb zur Therapie Magersüchtiger einsetzen.

Heilen mit Honig

Husten und Erkältungen

Honigsaft gegen Husten

INGREDIENZIEN

1 Zitrone

2 EL Glycerin (ca. 30 g)

ANWENDUNG

Ganze Zitrone (mit ungespritzter Schale) 10 Minuten bei kleiner Hitze kochen. In 2 Hälften teilen, dann den Saft mit der Zitronenpresse ausdrücken. Glycerin hinzufügen. Zitronensaft und Glycerin gut miteinander verrühren und das Glas bis oben mit Wasser füllen. Vor dem Gebrauch jedes Mal umrühren! (Statt Zitrone kann notfalls auch Obstessig genommen werden.)

Bei Hustenanfällen tagsüber 1 TL davon einnehmen. Um einem nächtlichen Hustenreiz vorzubeugen bzw. den Reiz zu lindern, vor dem Schlafengehen 1 TL einnehmen und einen weiteren in der Nacht. Bei sehr heftigem Husten sollten Sie nach dem Aufstehen immer wieder – über den Tag verteilt und vor dem Schlafengehen – 1 TL einnehmen. Sobald Besserung eintritt, können Sie die Dosis reduzieren.

Der Honigsaft greift den Magen nicht an und kann von Kindern ebenso wie von Erwachsenen genommen werden.

Zitronen-Hustensaft mit Ingwer

INGREDIENZIEN

3 EL Honig

Saft von 1 Zitrone

2 TL pflanzliches Glycerin

¼ TL geriebene Ingwerwurzel

ANWENDUNG

Honig und Zitronensaft gut verrühren. Glycerin zufügen und alles zu einer weichen Masse verarbeiten. Ingwer dazugeben. In stündlichen Abständen damit gurgeln.

Kräutersirup

Salbei wirkt gegen Schmerzen und Fieber. Dieser Kräutersirup mit Honig lindert alle Reizsymptome, die mit einer Erkältung einhergehen.

INGREDIENZIEN

½ TL gehackter, frischer (oder getrockneter) Salbei

3 EL Honig

2 EL Obstessig

ANWENDUNG

Salbei in ein Gazesäckchen wickeln, mit 1/2 Tasse kochendem Wasser überbrühen und 10 Minuten ziehen lassen. Den Salbei entfernen und die Flüssigkeit abkühlen lassen. Den Honig in ein Glas mit Schraubverschluss füllen.

Den Obstessig und das abgekühlte Salbeiwasser angießen. Alles gut durchschütteln. Stündlich 2 TL einnehmen, bis sich die Symptome bessern.

Zur Stärkung

Honig-Lebenselixier

INGREDIENZIEN

1 Glas Wasser
2 TL Obstessig
2 TL Honig

ANWENDUNG

Täglich 1 bis 2 Gläser (0,1 l) Wasser mit Obstessig und Honig trinken, am besten frühmorgens, vor dem Schlafengehen und schluckweise während der Mahlzeiten.

Honig als Schlafmittel

Honig wird eine schlaffördernde Wirkung nachgesagt.

Schlaf gut!
Die Kombination von Kamille und Honig wirkt schlaffördernd und hat einen ruhigen, ungestörten Schlaf zur Folge. Nehmen Sie das Getränk schlückchenweise ein und Sie werden ruhig schlafen.

INGREDIENZIEN

1 Beutel Kamilletee
2 TL Honig

ANWENDUNG

Eine Tasse Kamillentee mit heißem Wasser zubereiten und etwas abkühlen lassen. Anschließend den Honig hineinrühren.

Honigkur zur Stärkung

Wenn alle Mittel versagen, können Sie als Universalmittel eine Honigkur ausprobieren. Dabei nehmen Sie den Honig jeweils 1 Stunde vor dem Frühstück, vor dem Mittagessen und nach dem Abendbrot in einer halben Tasse Kamillentee ein.

ANWENDUNG

1. Woche: 3 x tägl. je ½ TL
2. Woche: 3 x tägl. je 1 TL
3. Woche: 3 x tägl. je 1 ½ TL
4.–7. Woche: 3 x tägl. je 2 TL
8. Woche: 3 x tägl. je 1 ½ TL
9. Woche: 3 x tägl. je 1 TL
10. Woche: 3 x tägl. je ½ TL

Achten Sie darauf, den Honig erst in den Tee zu geben, wenn er unter 45 °C abgekühlt ist. Bei Bedarf können Sie diese Kur nach einer Pause von 2 bis 3 Wochen wiederholen.

Während der Kur sind folgende Nahrungsmittel zu vermeiden:

Alkohol, alle Getränke mit Kohlensäure, schwarzer Tee, schwer verdauliche Speisen. Viel essen sollten Sie dagegen: Frischgemüse, viel Sauerkraut, Quark.

Verdauungsprobleme

Honig gegen Verstopfung

INGREDIENZIEN

¼ l Kamillentee
1 TL Honig
1 TL Leinöl
oder
¼ l Ziegenmilch
1–2 TL Honig

ANWENDUNG

Kamillentee mit Honig und Leinöl vermischen. Oder abgekochte, lauwarme Ziegenmilch mit Honig vermischen und warm trinken. Je nach Grad der Verstopfung 2 bis 3 Tassen täglich trinken.

INGREDIENZIEN FÜR KINDER

¼ l Fencheltee
1 TL Honig

oder

¼ l Rhabarbersaft
1–2 TL Honig

Honig gegen Durchfall

Reife Heidelbeeren in Honig einlegen und 4 bis 5 Wochen ziehen lassen. Haltbarkeit: unbegrenzt. Bei Bedarf einen Teelöffel einnehmen.

Hautprobleme

Honig-Salbe

INGREDIENZIEN

Honig
Schweineschmalz

ANWENDUNG

Honig im Wasserbad erwärmen, bis er flüssig ist (nicht wärmer als 40 °C, sonst werden wertvolle Inhaltsstoffe zerstört!). In einem anderen Gefäß etwa die doppelte Menge Schweineschmalz schmelzen. Auch dieses sollte nicht heißer als 40 °C sein. Nun den Honig gut in das Schweineschmalz einrühren und die Salbe erkalten lassen. Der Honig wirkt entzündungshemmend und antibakteriell. Die Salbe ist ein gutes Mittel bei schlecht heilenden Wunden, Narben oder Ekzemen. Honig pflegt außerdem zusätzlich die Haut. Leider hält die Salbe nicht sehr lang. Man sollte also nicht zu große Mengen auf einmal zubereiten.

Bartflechte

Bäder und Umschläge mit Ackerschachtelhalm durchführen, danach Honigauflagen machen.

Insektenstiche

Honigauflagen

Gegen Abszesse, Furunkel, Brandwunden, Ekzeme, Geschwüre, Flechten, Krätze, Milchschorf, Hautunreinheiten

Reine Honigauflagen, die Sie mehrmals täglich wechseln müssen.

oder

Frisch gequetschte Klettenwurzeln mit Honig vermengen und auflegen.

Brandwunden

Quitten enthalten viel Vitamin C, B-Vitamine und Mineralien wie Kalium, Eisen, Calcium und Phosphor. Wenn Sie die Kerne in Wasser einlegen, quillt die äußerste Schicht stark auf und bildet eine heilkräftige schleimige Substanz. Diesen Quittenschleim mit Honig vermengen und auf die Wunde auflegen.

oder

Butter, Leinöl, Wachs und Honig zu gleichen Teilen mischen und auflegen.

Eiternde Wunden, Geschwüre, Hautentzündungen

Bockshornkleesamen mit Honig vermengen und die Masse auflegen. Die Mischung jede Stunde mit verdünntem Weingeist abwaschen, reinigen und einen neuen Umschlag auflegen.

Nagelbettentzündung oder Vereiterung

Reine Honigauflagen

oder

Zwiebelsaft mit Honig mischen und auflegen.

Aufgesprungene Hände oder Füße

Honigauflagen

oder

Beinwellsalbe mit Honig vermischen und auflegen.

Geschwüre

Schwarzen Rettich fein schneiden und zu einem Brei zerstoßen, mit Honig vermengen und etwas angewärmt auflegen.

oder

Ein Eigelb mit etwas Roggenmehl und einigen Safrannarben mischen, etwas Honig zugeben und etwas angewärmt auflegen.

Hühneraugen

Reines Bienenwachs auflegen.

Milchschorf

Ein Absud aus Nussbaumblättern wurde schon von Pfarrer Kneipp und manchem Kräuterweiblein empfohlen, die um die heilende Wirkung wussten. Dazu frische oder getrocknete Blätter kalt ansetzen und eine halbe Stunde im geschlossenen Topf kochen und abseihen. Nussbaumblätterabsud mit reichlich Honig mischen und die befallenen Stellen oft darin baden und Umschläge machen.

Müde Augen

Fencheltee mit Honig als Umschlag auf die Augen legen.

Augengeschwüre
Frische Käsepappelblätter zerstoßen, mit Honig mischen und die Mischung auf die Geschwüre streichen.

Augen, Nase, Ohren, Hals

Augenentzündung, Augenschwäche, triefende, tränende Augen

Frischen Wermutsaft (im Reformhaus erhältlich) mit Honig mischen und auf die Augen streichen.

oder

Honig mit abgekochtem und lauwarm gewordenem Wasser mischen und 4- bis 5-mal am Tag ins Auge träufeln. 10 Minuten einwirken lassen und anschließend mit lauwarmem, zuvor abgekochtem Wasser die Augen reinigen.

oder

Rosmarin- oder Wermuttee mit Honigzusatz als Umschlag auf die Augen legen.

oder

Honigkur

Honigsüße für Seele und Wohlbefinden

Gegen geistige Abgespanntheit

Frischer Apfelsaft

INGREDIENZIEN

¼ l frisch gepresster Apfelsaft
1–2 TL Honig

ANWENDUNG

Honig in frisch gepressten Apfelsaft geben und verrühren. Davon 1 bis 2 Tassen täglich trinken.

Heiltee

INGREDIENZIEN

¼ l Lindenblüten- oder Kamillentee
(Sie können die beiden Teesorten auch mischen und Schafgarbe und Johanniskraut zugeben!)
2 TL Honig

ANWENDUNG

Tee mit Honig mischen und 1 bis 2 Tassen täglich schluckweise trinken.

Haferbrühe

INGREDIENZIEN

100 g Hafer
1 EL Honig
½ l Wasser

ANWENDUNG

Hafer mit Wasser kochen, Brühe abfiltern und reichlich Honig dazugeben. Von dieser Brühe stündlich 2 bis 3 EL einnehmen.

Belebend bei Schwäche

Lauwarmes Honigwasser schluckweise trinken

oder

Schafgarben- oder Kamillentee mit viel Honig trinken. 2 bis 3 Tassen täglich anrichten.

Beruhigend

INGREDIENZIEN

¼ l Baldrian- oder Lavendeltee
2 TL Honig

ANWENDUNG

Tee mit Honig mischen. 2 bis 3 Tassen schluckweise über den Tag verteilt trinken.

Gegen Gedächtnisprobleme

INGREDIENZIEN

¼ l Rosmarintee
2 TL Honig

ANWENDUNG

Tee mit Honig mischen. 2 bis 3 Tassen täglich trinken.

Gegen Nervosität & Unruhe

INGREDIENZIEN

¼ l Honigwasser oder Kamillentee
2 TL Honig

ANWENDUNG

Honigwasser oder Tee mit Honig mischen. 2 bis 3 Tassen täglich trinken.

Gegen Nervosität und Reizbarkeit bei Kleinkindern ab dem 12. Lebensmonat

INGREDIENZIEN

¼ l Kamillentee
2 TL Honig

oder

¼ l frischer Karottensaft
2 TL Honig

ANWENDUNG

Tee mit Honig mischen. 2 bis 3 Tassen esslöffelweise eingeben. Oder frischen Karottensaft mit Honig süßen und täglich ½ Tasse teelöffelweise eingeben.

Gegen Schreikrämpfe bei Kindern ab dem 12. Lebensmonat

Klären Sie zuerst ab, ob das Leiden körperliche Ursachen hat. Wenn nicht, dann: Honigwasser oder warmen Kamillentee mit Honig mischen und den Kindern einflößen.

Propolis (Bienenharz)

Das Kittharz, mit dem die Bienen im Stock alle Ritzen fest verkitten, ist ein reines Pflanzenprodukt und wird Propolis genannt. Vor allem von Knospen, aber auch von sonstigen Austrittsstellen an Laub- und Nadelbäumen oder Sträuchern nehmen die Bienen das Harz auf. Sie tragen es wie die Pollen als Höschen an den Hinterbeinen in den Stock. Der Imker gelangt an dieses wertvolle Harz, indem er die damit verkitteten Teile des Bienenstockes einfriert und anschließend abschabt. Propolis besteht zur Hälfte aus Harz und zu etwa einem Viertel aus ätherischen Ölen, Blütenpollen, Mineralstoffen und Spurenelementen (zum Beispiel Aluminium, Mangan, Kupfer, Eisen), Flavonoiden und Säuren.

Als Heilmittel kann man Propolis äußerlich und innerlich anwenden. Gute Heilerfolge werden insbesondere bei der Behandlung von Herpes, Akne und Erkrankungen der Atemwege erzielt. Propolis aktiviert und stärkt beim gesunden Menschen die Abwehrkräfte des Körpers.

Bienenharz wirkt gegen Infektionen. Man erhält es in Apotheken und Reformhäusern, zum Beispiel als Creme.

Gegen **Infektionen der Mundhöhle und des Zahnfleischs** 10 bis 15 Tropfen der Propolistinktur in ein halbes Glas Wasser geben und damit 2-mal täglich den Mund spülen.

Gegen **schlecht heilende Wunden** einige Tropfen Tinktur auf keimfreien Verbandsmull geben und sie damit bedecken. Diese Anwendung hat sich auch für eingewachsene Zehennägel bewährt.

Wenn sich **Herpesbläschen** ankündigen, betupft man die betreffende Stelle am besten sofort mit Propolistropfen, dann treten sie meist erst gar nicht auf.

Auch gegen **Magenschleimhautentzündung** wirkt Propolis: Schon morgens und im Lauf des Tages immer wieder einige Tropfen in einer Tasse Tee einnehmen, dann bildet sich eine Art Schutzfilm über der Schleimhaut.

Propolistinktur stärkt das **Immunsystem** und hilft in Zeiten erhöhter Ansteckungsgefahr. Einfach mehrmals täglich 10 bis 15 Tropfen auf ein Stück Brot träufeln und es danach gründlich durchkauen.

Propolissalbe hilft äußerlich gegen **Ekzeme, Akne, Schrunden, Verbrennungen, Hautpilze und schlecht heilende Wunden.**

Außer den schon erwähnten möglichen allergischen Reaktionen sind keine weiteren Nebenwirkungen bekannt.

Honig in der Kosmetik

Eine makellose und geschmeidige Haut ist wohl der Traum jeder Frau. Mischungen aus Milch und Honig oder Öl und Honig galten daher schon bei den Frauen vergangener Jahrhunderte als das Geheimrezept ewiger Jugend. Honig wurde den Schönheitsmitteln beigemengt, um den Alterungsprozess der Haut aufzuhalten und leichte Hautbeschwerden zu behandeln. Die heilende Wirkung des Honigs wurde auch zur täglichen Pflege von Gesicht, Händen, Haar und Körper eingesetzt. Honigmischungen galten als Wunderwaffe gegen Falten und das Austrocknen der Haut. Schon Königin Cleopatra badete in Milchbädern mit Honig: Ein wirkliches Bad war das allerdings nicht, denn anschließend musste die süße, klebrige Masse bei einem zweiten Waschgang entfernt werden. Die englische Königin Anna spülte ihr Haar mit einem Geheimrezept aus Honig und Olivenöl.
Lange Zeit war der Luxus von Honig-Pflegemitteln den reichen Frauen vorbehalten, die breite Bevölkerung musste auf die sanfte Pflege verzichten. Erst gegen Ende des 19. Jahrhunderts wurden Schönheitsmittel in Massen produziert und Honig wurde zum beliebten Inhaltsstoff. Was Honig damals wie heute so beliebt machte, war der Beigeschmack von Natürlichkeit und Gesundheit, der Honig umgab.

Madame Dubarry, die berühmte Mätresse Ludwigs XV., benutzte Honig als Gesichtsmaske.

HONIGMASKEN

Fältchen entstehen besonders dann, wenn die Haut zu trocken ist. Fehlt dem Gewebe der nötige Wassergehalt, zeichnen sich feine Linien ab und der Teint wirkt fahl und müde. Dagegen hilft Honig. Honigmasken sind daher genau das Richtige für empfindliche und strapazierte Haut. Denn die Vitamine, Mineral- und Eiweißstoffe im Honig regenerieren die Haut. Zudem wirken sie entzündungshemmend.

Honig-Heilerde-Maske

Ideal für Problemhaut: Die Maske hilft bei unreiner Haut und fördert die Heilung entzündeter Stellen.

INGREDIENZIEN

1 EL Heilerde
2 EL flüssiger Honig

ANWENDUNG

Heilerde und Honig mit wenig Wasser zu einer streichfähigen Masse verrühren und auf das gereinigte Gesicht auftragen. Ca. 20 Minuten einwirken lassen und mit lauwarmem Wasser abspülen.

Wenn es schnell gehen soll, Honig zur Durchblutungsförderung und Entspannung auch pur auf die gereinigte Gesichtshaut auftragen. Zehn Minuten einwirken lassen und dann mit lauwarmem Wasser abspülen. Strafft und wirkt antiseptisch durch Enzyme und organische Säuren.

Foto rechts: Honigmaske mit Quark

Honigmaske mit Quark

INGREDIENZIEN

2 EL Honig · 2 EL Magerquark

Noch mehr Feuchtigkeit spendet die folgende Variation:

2 EL Honig
1 Eidotter
1 TL Mandelöl
1 EL Milch

ANWENDUNG

Honig erwärmen und mit den Zutaten verrühren. Messerrückendick auf Gesicht, Hals und Dekolleté auftragen und 20 Minuten einwirken lassen. Mit lauwarmem Wasser abspülen.

Geranien-Gesichtsmaske

INGREDIENZIEN

2 EL Sahne · 1 Eigelb
1 EL cremiger Honig
1–2 Tropfen Geranienöl

ANWENDUNG

Sahne im Mixer fest schlagen. Das Eigelb dazugeben und schaumig schlagen. Honig und Geranienöl hinzufügen und alles zu einer cremigen Masse verarbeiten.

Honig-Buttermilch-Maske

INGREDIENZIEN

2 TL klarer Honig
1 EL Buttermilch
¼ TL Rosenwasser

ANWENDUNG

Alle Zutaten in einer Schüssel verrühren und auf Gesicht, Hals und Schultern auftragen.

Honigbad für zarte Haut

INGREDIENZIEN

250 g Bienenhonig · 1 Hand voll Meersalz
2 l Vollmilch

ANWENDUNG

Für ein entspannendes Bad Bienenhonig und Meersalz in warmer Vollmilch auflösen. Dann ins Badewasser geben und genüsslich eintauchen. Allerdings sollte das Wasser nicht heißer sein als 36 °C, sonst flockt die Milch aus und der Kreislauf macht schnell schlapp.

Auch Duschfans müssen nicht auf die Beauty-Allrounder-Milch und Honig verzichten:

INGREDIENZIEN

10 EL Bienenhonig · 1 l Vollmilch

ANWENDUNG

Bienenhonig mit warmer Vollmilch mixen. Einen Naturschwamm darin tränken und den Körper abrubbeln. Danach ist die Haut zart und glatt, denn die Milchsäure ist eine AHA-Säure (Alpha-Hydroxy-Säure), die durch ihren Peeling-Effekt glättend wirkt.

Glanz-Spülung für die Haare

INGREDIENZIEN

75 g Weizenkeimöl
50 g Honig
2 EL Obstessig

ANWENDUNG

Ingredienzien vermischen. In Haar und Kopfhaut einmassieren und nach ca. 30 Minuten gründlich ausspülen. Haare wie gewohnt waschen.

Entspannen mit Honig

Honig wird auch seit Jahrhunderten in der Naturheilkunde und Volksmedizin eingesetzt. Die Honigmassage ist aus der russischen Volksheilkunde überliefert. Sie wird am Rücken und in Ausnahmefällen an Gelenken angewendet. Genauso wie die Reflexzonen an den Füßen, gibt es auch Zonen am Rücken, welche in Verbindung mit den jeweiligen Organen stehen. Die Honigmassage kann die Energieverteilung im Körper regulieren und das gesunde Gleichgewicht wieder herstellen.

Während der Massage werden alte, abgestorbene Zellen, Salze und Schlacken entfernt, die sich als gelbliche oder graue Absonderungen zeigen. Durch die Honigmassage wird die Durchblutung verbessert und das Gewebe freier und gesünder. Die Muskulatur wird entspannt, die Beweglichkeit verbessert, Reflexzonen und Meridiane werden aktiviert und Schmerzen lassen nach. Der Gesamtorganismus erfährt eine komplette Reinigung und die eigenen Heilmechanismen werden aktiviert und gestärkt. Die Honigmassage harmonisiert die Aura, bringt den Energiefluss wieder ins Gleichgewicht und wirkt gleichzeitig auf das Nerven- und Immunsystem.

Die Honigmassage kann hervorragend bei Beschwerden wie Verspannungen, Erkrankungen der Gelenke, Durchblutungsstörungen, Migräne, Schlafstörungen, Erkältungen, Cellulite und anderen Beschwerden angewendet werden. Zur Vorbeugung und Immunkräftigung wird eine monatliche Massage empfohlen. Sie ist auch eine ideale Methode zur Verbesserung der Leistungsfähigkeit und des Allgemeinbefindens.

ANWENDUNG

Durch eine besondere Klopftechnik wird der Honig tiefer und tiefer in das Bindegewebe eingearbeitet. Wenn der Honig anfängt, weiße, zähklebrige Fäden zu ziehen, wird die mit Schlacken angereicherte, zähklebrige Masse abgezogen. Die Reflexzonen können durch diese Anwendung wieder besser mit den Organen über Nerven-, Blut- und Lymphwege kommunizieren.

Die Honigmassage wirkt stoffwechselanregend, durchblutungsfördernd, verbessert die Ausscheidung über die Poren und Nieren und befreit den Organismus von Gewebsschlacken, Talg, Salzen und klebrigem Schweiß.

EINSATZBEREICHE DER HONIGMASSAGE

Kräftigung und Vitalisierung des gesamten Organismus

Hautreinigung

Verbesserung der Durchblutung

Entschlackung und Entgiftung

Stärkung des Immunsystems

Entspannung und Beruhigung

Behebung von Regulationsstörungen

Die Honigmassage vitalisiert, reinigt und stärkt so den gesamten Organismus und wird nicht nur bei Beschwerden, sondern auch als Prophylaxe und zur Kur angewandt.

Weil die Haut danach sehr empfindlich ist, sollten Sie nach der Honigmassage einen Tag lang keinerlei Cremes oder Körperpflegemittel auftragen und keine neue, ungewaschene Kleidung tragen.

Honig
in der Küche

Kochen mit Honig ist altbekannt und das ist nicht erstaunlich! Schon Honig pur bietet echten Genuss, aber dieses Entzücken lässt sich noch steigern. Bereits die Griechen und Römer entdeckten, dass man das einzigartige Honigaroma noch verfeinern kann. Bereits gegen Ende des ersten Jahrhunderts gehörte das Einlegen von Früchten in Honig zu den Geheimtipps der Genießer. Im Laufe der Zeit entdeckten immer mehr Köchinnen und Köche, dass Honig eine wohlschmeckende Zutat zu vielen Gerichten sowie ein interessanter Begleiter vieler Desserts und Süßspeisen ist. Honig harmoniert gut mit anderen Lebensmitteln und lässt sich gut vermischen. In Kombination mit Kräutern ergeben sich wahre Geschmackswunder und viele Gemüsesorten kommen durch die Zugabe von etwas Honig noch besser zur Geltung.

ZUCKER IST NICHT GLEICH ZUCKER

Natürlich schmeckt Honig süß, schließlich besteht er hauptsächlich aus Zucker. Aber Zucker ist nicht gleich Zucker. Im Gegensatz zu raffiniertem Zucker beinhaltet Honig hauptsächlich Traubenzucker (Glukose) und Fruchtzucker (Fruktose) – in verschiedenen Zusammensetzungen bei den unterschiedlichen Honigsorten. Beide sind so genannte Monosaccharide, die vom Körper leicht aufgenommen werden können. Zusätzlich können andere Zuckersorten enthalten sein. Die spezielle Zusammensetzung der verschiedenen Zuckerarten bewirkt, dass Honig eine mindestens 25 Prozent höhere Süßkraft als Rübenzucker hat. Bei Verwendung von Honig lässt sich also die gleiche Süße mit weniger Menge (und weniger Kalorien!) erreichen. Außerdem besteht Honig zu ca. 16 bis 20 Prozent aus Wasser. Neben diesen Hauptbestandteilen enthält Honig auch ca. 0, 2 bis 2 Prozent Eiweiß, eine Vielzahl an Enzymen sowie eine große Anzahl an Vitaminen und Mineralstoffen. Darüber hinaus sind über 200 bisher identifizierte Aromastoffe für den honigtypischen Geruch und Geschmack mitverantwortlich. Diese variieren je nach Honigsorte und machen den Honig für die Verwendung in der Küche so interessant.

Honig ist somit außerordentlich gesund und ein schneller Energiespender, der im Gegensatz zu weißem Zucker den Organismus nicht belastet und für einen reibungslosen Stoffwechsel sorgt.

AUFREGENDE GESCHMACKSKOMBINATIONEN

Durch sein jeweiliges spezielles Aroma verleiht Honig vielen Speisen einen ganz besonderen Geschmack. Zugleich eröffnet die Vielfalt der Honigsorten einen gewaltigen Spielraum: Der Geschmack der Honigsorten reicht von einer frischen, fruchtigen Note bis zu herb-würzigen Färbungen. Experimentieren Sie in den nachfolgenden Rezepten mit der Vielfalt des Honigs und gehen Sie auf eine Entdeckungsreise in alte Zeiten und ferne Kulturen.

KOCHTIPPS:

Überdecken Sie die natürliche Süße des Honigs nicht durch zu viel Fremdaroma.

Sie können fest gewordenen Honig wieder flüssig machen. Stellen Sie das verschlossene Glas in ein lauwarmes Wasserbad.

Braten bekommt eine herrliche Kruste, wenn Sie das Fleisch mit Honig bestreichen.

Honig macht den Kuchenteig flüssiger. Reduzieren Sie daher die im Rezept angegebene Flüssigkeitsmenge beim Backen.

Honig süßt intensiver. Verwenden Sie statt 100 Gramm Zucker höchstens 75 Gramm Honig.

Milchgetränke

Bananen-Limetten-Lassie

Für 4 Personen

Zutaten

300 g Joghurt
300 ml Wasser
2 kleine Bananen
2 EL Limettensaft oder Zitronensaft
1 Prise geriebene, unbehandelte Zitronenschale
1 Prise Kardamom · 1 Prise Muskatnuss
1 TL Honig · 1 Limettenscheibe
Eiswürfel

Zubereitung

Den Joghurt, das Wasser, die klein geschnittenen Bananen, den Saft, die Zitronenschale, den Honig und die Gewürze in den Mixer oder das Handrührgerät geben und auf hoher Stufe gut durchmixen. Danach die Eiswürfel dazugeben und in Gläser füllen. Zum Schluss die Limettenscheibe halbieren, kurz einschneiden und als Dekoration auf den Glasrand stecken.

Orangen-Joghurt-Getränk

Für 3 Portionen

Zutaten

250 g Naturjoghurt
Saft von 3 Orangen
1 EL Honig · 250 ml kaltes Wasser

Eiswürfel · Orangenscheiben zum Garnieren

Zubereitung

Die Zutaten mit dem Mixer oder mit dem Handrührgerät auf höchster Stufe etwa fünf Minuten mixen und dann die Eiswürfel hinzufügen. In Gläser füllen, den Glasrand mit Orangenscheiben verzieren und sofort servieren.

Honig-Bananen-Shake

Für 1 Portion

Zutaten

1 EL Honig
4 Eiswürfel
1 Banane · 10 EL Ananassaft
250 ml Milch
1 Scheibe Zitrone

Zubereitung

Banane schälen, in Stücke schneiden und mit den restlichen Zutaten in den Mixer geben. Etwa 5 Minuten gut durchmixen. Danach abgedeckt in den Kühlschrank stellen. Mit einer Scheibe Zitrone garnieren und mit einem Strohhalm servieren.

Foto rechts

Stracciatella-Bananen-Milch

Für 3 Portionen

Zutaten

500 ml Milch
4 Kugeln Stracciatella-Eis
2 kleine Bananen
1 EL Honig
200 ml Sahne
1 Päckchen Vanillezucker
Schokostreusel zum Garnieren

Zubereitung

Bananen schälen, in Stücke schneiden und in einen Mixer geben. Die Milch, das Stracciatella-Eis und den Honig hinzufügen und alles gut durchmixen. Danach in Gläser füllen. Sahne und Vanillezucker steif schlagen und auf die Stracciatella-Bananen-Milch geben. Zum Schluss mit den Schokostreuseln bestreuen und sofort servieren.

Gewürz-Milch mit Honig und Amaretto

Für 4 Portionen

Zutaten

1 l frische Milch
1 Msp. Lebkuchengewürz
1 Msp. gemahlene Nelken
1/4 Vanilleschote
1 Stange Zimt
4 EL Honig
100 ml Amaretto
4 EL Sahne

Zubereitung

Die Vanilleschote aufschneiden und das Mark herausnehmen. Alle Zutaten bis auf den Amaretto in einen Topf geben und bei kleiner Hitze erwärmen, aber nicht zum Kochen bringen. Danach 10 Minuten ziehen lassen.

Anschließend alles durch ein feines Sieb abseihen und den Amaretto hinzufügen. Die Gewürz-Milch in Tassen füllen und jeweils einen EL geschlagene Sahne darauf setzen. Mit etwas Zimtpulver bestreuen und servieren.

Mandel-Honig-Milch

Für 2 Portionen

Zutaten

20 g Mandeln
400 ml frische Vollmilch
1 EL Honig
2 Tropfen Bittermandel-Aroma

Zubereitung

Die Mandeln mit heißem Wasser überbrühen, kurz abkühlen lassen und enthäuten. Danach leicht anrösten und sehr fein mahlen. Die Milch mit dem Honig verquirlen, das Bittermandel-Aroma dazugeben und alles gut verrühren oder im Mixer mixen. Kurz kalt stellen und servieren.

Kokos-Honig-Shake

Für 2 Portionen

Zutaten

150 g Kokosjoghurt
350 ml Milch
1 EL Kokosraspeln
1 EL Honig
4 Eiswürfel
1 Erdbeere
eventuell Kräuter

Zubereitung

Das Kokosjoghurt, die Milch, den Honig und die Kokosflocken im Mixer schaumig rühren. Danach Eiswürfel in die Gläser geben, die Kokosmilch darüber gießen und mit je einer halben Erdbeere auf einem Spießchen servieren. Eventuell noch mit Kräuterblättern garnieren.

Heiße Frucht-Honig-Milch

Für 4 Portionen

Zutaten

1 Mango
150 ml Orangensaft
2 EL Akazienhonig
400 ml Milch

Zubereitung

Die Mango schälen, das Fruchtfleisch vom Stein trennen und würfelig schneiden. In einen Mixer füllen und mit dem Orangensaft, der Milch und dem Honig fein pürieren. In einen Topf gießen und bei kleiner Hitze erwärmen, aber nicht kochen lassen.
Zum Servieren in 4 Teegläser füllen.

Foto rechts

Pulswärmer

Für 1 Portion

Zutaten

1 EL Honig
1/8 l Milch
1 Ei
2 cl Weinbrand
etwas Muskatnuss

Zubereitung

Eier trennen. Die Milch bei kleiner Hitze erwärmen, den Honig darin auflösen und das Eigelb darunter ziehen. Dann alles in ein Glas geben und den Weinbrand hinzufügen. Das Eiweiß schlagen und den Schnee als Haube auf das Getränk setzen. Ein bisschen Muskatnuss dazugeben und das Getränk warm servieren.

Warme Milch mit Vanille und Whisky

Für 1 Portion

Zutaten

900 ml Milch
1 Päckchen Vanillezucker
4 TL Honig
4 cl Whisky
etwas Muskatnuss

Zubereitung

Die Milch bei geringer Hitze erwärmen, aber nicht zum Kochen bringen.
Danach die einzelnen Zutaten einrühren und kurz ziehen lassen.
Ein wenig Muskatnuss dazugeben und warm servieren.

Tipp

Wählen Sie für den Whisky eine gute Sorte, die zum süßen Charakter des Getränks passt.

Ayurveda-Honig-Milch

Für 1 Portion

Zutaten

250 ml frische Milch
1 Prise Zimt
1 Prise Kardamom
1 Prise Vanillepulver oder Vanillemark
1 TL Honig

Zubereitung

Die Milch erwärmen, aber nicht zum Kochen bringen.
Dann alle Gewürze und den Honig dazugeben und gut durchrühren.
In Teegläser füllen und sofort servieren.

Cocktails & Punsche

Honig-Walnuss-Likör

Zutaten

150 g Walnüsse
350 ml Brandy
250 ml Wasser
250 ml Honig
1 Stange Zimt
3 Gewürznelken
1 TL unbehandelte Orangenschale
1 TL unbehandelte Zitronenschale
1 TL Vanille, Vanilleessenz oder
gemahlene Vanilleschote

Zubereitung

In einer Pfanne die Nüsse ohne Fett kurz anrösten, danach etwas abkühlen lassen. Mit dem Brandy übergießen und das Gefäß sofort verschließen.

Das Wasser (das möglichst arm an Mineralien sein sollte) mit dem Honig erhitzen, kurz aufkochen lassen und den dabei eventuell entstandenen Schaum abschöpfen. Zitronen- und Orangenschale mit dem Sparschäler abschälen, mit Nelken, Zimt und Vanille mischen und die abgekühlte Honig-Gewürz-Mischung zu den Nüssen und dem Weinbrand geben.

Die Mischung etwa 4 Wochen dunkel und kühl ziehen lassen. Anschließend filtern und nochmals ungefähr 4 bis 5 Wochen warten, bis Sie den Likör probieren. Sie erhalten ungefähr 0,7 l Likör.

Wikingerblut

Für 8 Portionen

Zutaten

1 l Waldhonig-Met · 1 l Sauerkirschsaft oder -nektar
Amaretto nach Geschmack
Zucker nach Geschmack

Zubereitung

Den Met mit dem Sauerkirschsaft oder -nektar in einem Topf vermischen und mit Amaretto nach Geschmack abschmecken. Je nachdem, ob reiner Saft oder Nektar verwendet wird, kann man noch mit Zucker nachsüßen. Alles bis kurz vor dem Sieden erhitzen – aber nicht kochen lassen – und in Teegläser füllen. Mit Cocktailkirschen garnieren und heiß servieren.

Traubenpunsch

Für 4 Portionen

Zutaten

1 l roter Traubensaft
6 EL Honig · 1 l Wasser
2 Stangen Zimt · 10 Nelken
10 Pimentkörner
100 g Mandeln (ganz oder abgezogen)
100 g getrocknete Feigen
2 unbehandelte Zitronen

Zubereitung

Die eine Zitrone heiß waschen, trocknen und dünn abschälen. Die Zitrone dann auspressen und Saft und Schale in einen Topf geben. Die zweite Zitrone in Spalten schneiden.
Feigen klein hacken und dazugeben. Mit allen anderen Zutaten aufkochen lassen und ca. 15 Minuten bei geringer Hitze ziehen lassen. In Teegläser füllen, mit Zitronenspalten verzieren und möglichst heiß servieren.

Erotischer Cocktail

Für 2 Tassen

Zutaten

10 TL Kakaopulver · 2 Msp. Chilipulver
2 Msp. Nelken · 3–4 Msp. Zimt
3–4 Msp. Kardamom
Mark einer Vanilleschote · 8–10 TL Honig
500 ml Wasser oder Milch

Zubereitung

Den Kakao mit den Gewürzen mischen und in Wasser etwa 5 Minuten aufkochen lassen. Nach dem Abgießen mit Zucker oder Honig süßen.

Tipp

Wenn Sie zum Aufkochen Milch statt Wasser verwenden, wird das Getränk sahniger.

Foto rechts

Rote Glut

Für 10 Portionen

Zutaten

2 l Rotwein · 400 g Honig
3 TL Ingwerpulver · 2 TL gemahlener Zimt
1 TL Nelkenpulver
1 Prise Pfeffer · 1 Prise Muskatnuss

Zubereitung

Alle Zutaten in einen großen Topf geben und erhitzen. Gut umrühren und 4 Stunden ziehen lassen. Anschließend mehrmals durch ein Tuch filtern und eisgekühlt servieren. Hält im Kühlschrank zwei Wochen.

Alkoholfreier Punsch

Für 1 Portion

Zutaten

1 l roter Traubensaft · 1 l Apfelsaft
Saft von 2 Zitronen
Saft von 1 Orange
6 Gewürznelken · 1 Prise Zimt
1 Prise Muskatnuss
2 EL Honig
250 ml Wasser

Zubereitung

Alles in einen großen Topf füllen, die Gewürze dazugeben und langsam erhitzen, ohne die Mischung aufkochen zu lassen. In bunte Tassen gießen und mit einem Strohhalm heiß servieren.

Würziger Punsch mit Bier

Für 4 Portionen

Zutaten

1/2 l Bier (Starkbier)
1 EL Honig
3 Nelken
1 TL abgeriebene Zitronenschale
1 Prise Muskatnuss · 1 Prise Ingwer
1 cl Rum · 125 ml süße Sahne
1 unbehandelte Orange

Zubereitung

Bier in einen Topf füllen und mit Honig und den Gewürzen zum Kochen bringen. Sahne und Rum unterrühren. Orange in Scheiben schneiden und in einen Krug geben, Bier darüber gießen und sofort heiß servieren.

Met - Honigwein

Einfaches Met-Rezept

Zutaten

3 kg Bienenhonig
1 l Apfel- oder Traubensaft
7 l Wasser
4 g Hefenährsalz
40 g Milchsäure
10 g Weizenmehl
8 g Reinzuchthefe, zum Beispiel Portwein, Samos, Malaga, Tokaj, Sherry

Zubereitung

Hefe mit dem Fruchtsaft mischen. Honig und Wasser auf etwa 50 °C erwärmen und gut verrühren. Nach dem Erkalten Milchsäure, Hefenährsalz, Hefe-Saft-Mischung und Weizenmehl hinzugeben.

Entweder vor oder nach der Gärung nach Belieben Gewürze hinzufügen. Empfehlenswert sind zum Beispiel: Nelken, Ingwer, Muskatnuss, Kalmus, Zimt, Hopfen u. Ä.
Diese Gewürze in ein Leinsäckchen füllen und hineinhängen.
Alles in einen Gärballon geben und ausreichend Steigraum lassen.

Gegen Ende der Gärung täglich umschütteln.

Nach 2 bis 3 Monaten kühl stellen und von der Hefe abziehen.
Anschließend mit 1 g Kaliumpyrosulfit pro 10 l schwefeln.
Tritt nach 2 bis 4 Monaten keine Selbstklärung ein, 10 bis 40 ml Kieselsöl hinzufügen.
Gegebenenfalls alles mit 20 bis 50 g Honig pro Liter nachsüßen.

Met-Rezept nach alter Art

Zutaten

1 l Waldhonig
1,5 l Wasser
1 Nelke
1/2 Sternanis
1/2 TL Mehl
50 g Zucker
1 Päckchen Hefe
1 Prise Zimt

Zubereitung

Die Hefe mit handwarmem Wasser und 50 bis 70 g Zucker in ein Glas füllen und eine Stunde angären lassen. Inzwischen Honig gleichmäßig mit dem Wasser auf etwa 50 °C erwärmen! (Aber bitte nicht stärker erhitzen, da sonst die Enzyme im Honig Schaden nehmen und der Met nicht mehr den vollen Geschmack entfalten kann.) Danach nach eigenem Geschmack Gewürze und das Mehl dazumischen und gut umrühren. Das Mehl unterstützt die Gärung. Anschließend das Honigwasser auf Zimmertemperatur (ca. 20–25 °C) abkühlen lassen und mit der Hefe-Zucker-Mischung vermengen. Die Honigmischung darf nicht über 25 °C warm werden, da sonst die Hefebakterien absterben und dadurch die Gärung gefährdet wird. Wenn Sie alles gut verrührt haben, die Flüssigkeit durch ein Haarsieb oder feinen Filter in die Gärbehälter füllen und gären lassen. Nach etwa 25 Tagen ist der Gärvorgang abgeschlossen, und Sie können den Met in Flaschen abfüllen.

Tipp

Nehmen Sie ein größeres Glas, weil bei der Hefe-Zucker-Mischung beim Gären viel Schaum entsteht. Den Schaum am besten abschöpfen.

Tipp

Würzen Sie lieber etwas weniger, denn der Met schmeckt auch ohne viele Gewürze!

Honigwein

Zutaten

1 l Honig
4 l Wasser
etwa 10 g getrockneter Hopfen
1 in Scheiben geschnittene Zitrone
einige EL brauner Zucker

Zubereitung

Honig, Wasser und braunen Zucker aufkochen lassen. Hopfen und Zitronenscheiben in ein Mulltüchlein wickeln, das man leicht herausfischen kann, und mitkochen lassen. Alles gut umrühren und einen oder mehrere Krüge bis zu 3/4 der Höhe füllen. Wegen der Gärung leicht überdecken. Bei Zimmertemperatur mindestens drei Wochen stehen lassen, bis der Met nicht mehr gärt. Spätestens nach einem Monat können Sie den Met in Flaschen füllen (vorsichtshalber nicht zu fest verkorken).

Met-Bowle

Für 8 Portionen

Zutaten

1 kleine Wassermelone (oder 1/2 große)
2,25 l Honig-Met · 3/4 l Sekt

Zubereitung

Die Melone in mundgerechte Stücke zerteilen und in ein Bowlegefäß geben. Mit einer Flasche Met ansetzen und über Nacht ziehen lassen. Vor dem Servieren den restlichen Met und den Sekt zugeben.
Wer es nicht so stark mag, kann auch eine Flasche Met durch eine Flasche Mineralwasser ersetzen. Wer es stärker mag, kann die Melone mit Bärenfang (Honigschnaps) ansetzen.

Foto rechts

Kräftiger Gewürzmet

Zutaten

100 l Leitungswasser oder noch besser Regenwasser
3,5 kg Honig
100 g Weinsteinsäure
100 g Zitronensäure
5 Stangen Zimt
1/2 TL geriebene Muskatnuss
2 walnussgroße Stücke Ingwer
1/4 Beutel gemahlene Nelken
zweimal vier Finger voll Melissentee
3/4 Stange Bäckerhefe

Zubereitung

Die Honiglösung zwei Stunden lang kochen. Dabei ständig rühren und abschäumen, damit die schlecht schmeckende Honighefe abgetötet wird und alle Unreinheiten entfernt werden. Die Bäckerhefe aufgelöst dazugeben und die Gewürze in einem Leinenbeutel einhängen.

Den Raum auf 20 bis 25 °C warm halten. Nach zwei Monaten (etwa dann, wenn sowohl die stürmische als auch die schwächere Nachgärung vorüber sind) zum ersten Mal abstechen. Nach weiteren sechs Monaten in Flaschen füllen.

Salate & Vorspeisen

Paprikasalat mit Zitronen-Honig-Dressing

Für 2 Portionen

Zutaten

3 Paprikaschoten (rot, gelb, grün)
3 große Tomaten
2 rote Zwiebeln

Für das Dressing

2 EL frisch gepresster Zitronensaft
1 EL Honig
4 EL Olivenöl
1/2 Bund glatte Petersilie
nach Bedarf Salz, Pfeffer und schwarzer Tabasco

Zubereitung

Die Paprikaschoten halbieren und entkernen.
Mit der Hautseite nach oben auf ein Backblech legen und im vorgeheizten Backofengrill rösten, bis die Haut dunkel wird.
Danach in eine Schüssel geben und mit Frischhaltefolie abdecken.
Nach etwa 10 Minuten häuten und in grobe Stücke schneiden.
Die Tomaten kreuzweise einschneiden, mit kochendem Wasser übergießen und nach 20 Sekunden kalt abschrecken.
Anschließend die Tomaten häuten, vierteln und entkernen.
Die Zwiebel in dünne Streifen schneiden und die Petersilie klein hacken.
Alle Zutaten in eine Schüssel geben.
Für das Dressing den Zitronensaft, das Öl und den Honig mischen und mit etwas Salz, Pfeffer und Tabasco abschmecken.
Das Dressing über das Gemüse geben, mit dem Salatbesteck vorsichtig untermischen und ungefähr 30 Minuten ziehen lassen.

Honig-Paprika mit Minze

Für 1 Portion

Zutaten

4 gelbe Paprikaschoten
1 EL Apfelessig
1 EL Zitronensaft
1 Prise Salz
1 Prise schwarzer Pfeffer aus der Mühle
1 EL Akazienhonig
2 EL Traubenkernöl
2 EL Olivenöl
3 Zweige Minze

Zubereitung

Den Backofen auf 220 °C vorheizen. Die Paprikaschoten waschen und halbieren. Kerngehäuse entfernen. Die Paprikaschoten auf ein mit Backpapier ausgelegtes Backblech legen.
In den Ofen schieben und so lange grillen, bis die Haut Blasen wirft und beginnt, dunkel zu werden. Herausnehmen und sofort ein kaltes, nasses Handtuch darüber legen.
Abkühlen lassen und dann die Haut entfernen. Paprikaschoten in Stücke schneiden.
Aus Essig, Zitronensaft, Salz, Pfeffer und Honig eine Vinaigrette rühren.
Wenn sich der Honig gelöst hat, die Öle darunter rühren.
Paprikaschoten mit der Vinaigrette marinieren.
Den Paprikasalat dann kalt stellen und mindestens 2 Stunden ziehen lassen (Sie können den Salat bereits am Vortag zubereiten.)
Vor dem Servieren die Minzeblättchen waschen, trocknen, abzupfen und unter den Salat mischen.

Chicorée-Hähnchen-Salat mit Erdbeeren

Für 4 Portionen

Zutaten

2 Hähnchenbrustfilets (à 160 g)
etwas Salz · Cayennepfeffer
1 EL Honig
1 EL Sesamöl
300 g weißer Spargel
40 g Butter
4 Stk. Chicorée (à 100 g)
300 g Erdbeeren

Für die Sauce

3 EL Weißweinessig
etwas Salz · Zucker
8 EL Maiskeimöl

Zubereitung

Die Hähnchenfilets waschen und mit Salz und Cayennepfeffer würzen. Honig und Sesamöl in einer Form verrühren und die Hähnchenbrustfilets darin wenden.
Den Spargel schälen und schräg in 0,5 cm dicke Scheiben schneiden.
Für die Salatsauce den Essig in einer Schüssel mit je einer Prise Salz und Zucker verrühren, das Öl unterschlagen und die Spargelstücke darin ziehen lassen.
Die Butter in einer Pfanne zerlassen und die marinierten Hähnchenbrustfilets beidseitig etwa 2 Minuten anbraten. Die Hitze reduzieren, in 8 bis 10 Minuten fertig braten und dabei mehrmals wenden.
Inzwischen vom Chicorée jeweils den Strunk herausschneiden, Blätter waschen und gut abtropfen lassen. Dann die Erdbeeren waschen, putzen und klein schneiden. Den Chicorée in breite Streifen schneiden und mit den Erdbeeren auf die Teller verteilen. Jeweils Spargel und etwas Salatsauce darüber verteilen.
Zum Schluss das Hähnchenfleisch in Scheiben schneiden und auf dem Salat anrichten. Dazu passen dünne, geröstete Baguettescheiben.

Honig-Knoblauch-Salatsauce mit Balsamicoessig für herbe, nussige Salate

Für 4 Portionen

Zutaten

3 EL zähflüssiger Honig
1 Knoblauchzehe
2 EL nussiges Öl
(etwa Haselnussöl, Walnussöl, Kürbiskernöl – kein Sesamöl!)
2 EL Balsamicoessig
etwas Pfeffer aus der Mühle

Zubereitung

Die Knoblauchzehe in den zähflüssigen Honig pressen. Dann den Honig in einem kleinen geeigneten Gefäß etwa 10 bis 15 Sekunden in der Mikrowelle verflüssigen, damit das Aroma des Knoblauchs in den warmen Honig zieht. Den Honig jetzt mit dem Öl und dem Balsamicoessig mischen. Das Ganze gut schütteln, sodass sich die Zutaten gut verbinden. Am Ende etwas Salz, Pfeffer und Balsamico hinzufügen. Die Sauce eignet sich hervorragend für Rucola-, Radieschen-, oder Feldsalat und alle anderen grünen Salate.

Tipp

Sie können auch einige, in wenig Fett gebratene Speckwürfel, frische in Scheiben geschnittene Champignons, kleine Cocktailtomaten, Croûtons oder gehackte Nüsse hinzugefügen.

Gemischter Salat mit Pinienkernen und Honig-Senf-Dressing

Für 4 Portionen

Zutaten

Blattsalat nach Belieben
2 große Zwiebeln · 1 grüne Paprikaschote
6 kleine Cherrytomaten · 3 Karotten
1 EL Olivenöl
1 Pinienkern oder 1 Hand voll Kernmischung
1 TL mittelscharfer Senf
6 cl roter oder weißer Balsamicoessig
1 TL Honig · 1/2 TL Sambal Oelek
1/2 TL brauner Zucker
1 Prise Salz · 1 Prise Pfeffer
1 TL orientalische Kräutermischung

Zubereitung

Die Zwiebeln in etwas Olivenöl anbraten, bis sie glasig sind, und dann die geschnittene Paprikaschote hinzufügen. Beides in der Pfanne mit etwas Salz, Pfeffer und braunem Zucker anrösten. Die Zwiebel-Paprika-Mischung anschließend etwas abkühlen lassen, damit der Salat später beim Zusammenmischen nicht zerfällt.
In der Zwischenzeit den Salat waschen, danach die Karotten in Scheiben und die Cherrytomaten in Viertel schneiden und alles gut vermengen. Die Pinienkerne in einer kleinen Pfanne auf mittlerer Stufe anrösten. Das restliche Olivenöl mit Senf, Sambal Oelek, Essig, Honig und der Kräutermischung gut verrühren und das Dressing mit Salz und Pfeffer gut abschmecken. Wenn die Kerne goldbraun gefärbt sind und es angenehm duftet, die Zwiebel und die Paprikaschote zum Salat hinzufügen . Das Dressing darüber geben und gut vermischen.
Zum Schluss mit den gerösteten Kürbiskernen garnieren.

Tipp

Mit Garnelen oder marinierten Putenstreifen verfeinern.

Honig-Walnüsse für Salate

Für 1 Portion

Zutaten

500 g grob gehackte Walnüsse
500 g Akazienhonig · 2 EL Weinbrand

Zubereitung

Den Honig mit den grob gehackten Walnüssen und dem Weinbrand vermischen. Die Masse in kleine Gläser abfüllen und 2 Wochen abgedeckt ziehen lassen. Die Honignüsse eignen sich zum Verfeinern von Obstsalaten, Joghurt und als Brotaufstrich. Sie sind auch ideal zum Verschenken.

Feigen auf Honig-Schinken-Salat

Für 2 Portionen

Zutaten

200 g Mozzarella
1/2 Kopfsalat · 100 g Rucola-Salat
2 EL Honig · 2 EL Balsamicoessig
6 Feigen · 100 g Parmaschinken
2 Baguettes

Zubereitung

Rucola- und Feldsalat sorgfältig waschen, Stiele entfernen und grob zerschneiden. Danach den Mozzarella waschen, mit Küchenpapier abtupfen und mit den Fingern in kleine Stücke reißen. Die Feigen gründlich waschen und den Stiel entfernen, dann vierteln.
Die Salate auf zwei Tellern anrichten. Die Feigen halbieren und darauf setzen. Die Mozzarella-Stückchen über die Feigen streuen. Mit einem Esslöffel den Balsamicoessig und den Honig großzügig über die Zutaten laufen lassen. Zum Schluss den Parmaschinken auf dem Salat verteilen. Dazu warmes Baguette reichen.

Foto links

Fenchel-Honig-Orangen-Salat

Für 3 Portionen

Zutaten

2 Knollen Fenchel
3 Orangen
3 EL geschälte, geröstete Kürbiskerne

Für die Marinade

1 EL weißer Balsamicoessig
1 EL Kürbiskernöl
1 EL Honig
1 Prise Kräutersalz
1 Prise Zitronenpfeffer
2 Stängel gehackte Petersilie

Zubereitung

Die Orangen filetieren. Den Saft auffangen und mit Salz, Pfeffer, Honig, Balsamico und dem Öl verrühren.
Die Fenchel halbieren, in dünne Ringe schneiden und zusammen mit den Orangenfilets in die Marinade legen. Danach alles etwa 30 Minuten im Kühlschrank ruhen lassen.
Zum Schluss alles gut umrühren. Dann die Petersilie und das Fenchelgrün zufügen, mit Kürbiskernen garnieren und servieren.

Honig-Ananas

Für 4 Portionen

Zutaten

1 Ananas
4 EL Honig
100 g Crème fraîche
1 EL Zitronensaft
1/2 TL Ingwerpulver
1 EL geröstete gehackte Mandeln
2 Stiele Minze

Zubereitung

Die Ananas schälen und in 2 cm dicke Scheiben schneiden. Den Strunk mit einem scharfen Messer oder Ausstecher entfernen. Die Ananasscheiben auf einem heißen Grill auf jeder Seite kurz grillen, dabei nach dem Wenden einseitig mit 2 EL Honig beträufeln.

Inzwischen die Crème fraîche mit Zitronensaft, 2 EL Honig und Ingwerpulver verrühren. Die Ananas auf einer Platte anrichten und mit der Sauce beträufeln.

Mit gehackten Mandelkernen und mit Minzblättchen garnieren und servieren.

Gemischter Salat mit Honig-Walnuss-Dressing und gebratenen Flusskrebsschwänzen

Für 4 Portionen

Zutaten

1 Kopf Lollo Rosso · 1 Bund Rucola
1 Kopf Eichenblattsalat
1 Beutel gefrorene Flusskrebsschwänze
1 Paprikaschote · 1 Kästchen Kresse
2 EL Honig
4 EL Olivenöl · 1 EL Balsamicoessig
1 Hand voll gehackte Walnüsse
1 Prise Salz · 1 Prise Pfeffer
1 EL Wasser
etwas Olivenöl zum Braten
etwas grünes Pesto

Zubereitung

Für das Honig-Walnuss-Dressing 1 bis 2 EL Honig mit 1 EL Wasser in einem Topf erwärmen – der Honig sollte dann flüssig sein. Anschließend etwas abkühlen lassen. Das Olivenöl mit einem Schneebesen einrühren. Nun den Balsamicoessig dazugeben (im typischen Verhältnis 4 Teile Öl und 1 Teil Essig). Das Ganze mit Pfeffer und Salz abschmecken und die Walnüsse dazugeben.

Salate waschen und trocken schleudern. Die Paprikaschote in feine Streifen schneiden und waschen.

Die Flusskrebsschwänze in kaltem Wasser kurz auftauen, eventuell säubern und mit einem Küchentuch trocken tupfen. In einer heißen Pfanne mit etwas Olivenöl kurz anbraten. Etwas grünes Pesto mit in die Pfanne geben und die Schwänze noch einmal durchschwenken.

Den Salat mit dem Dressing vermengen und in der Mitte eines Tellers ein Bouquet anrichten. Die gebratenen Flusskrebsschwänze rundherum verteilen, Paprikastreifen und ein kleines Kressesträußchen auf den Salat legen.

Suppen

Linsen-Aprikosen-Suppe mit Honig

Rezept für 4 Personen

Zutaten

4 Aprikosen
1 große Zwiebel
1 EL Öl
1 l Gemüsebrühe
200 g Rote Linsen
1–2 EL Rapshonig
2 EL saure Sahne
etwas Obstessig
1/2 Bund Petersilie
1 Spritzer Zitronensaft
Salz
Minzeblätter

Zubereitung

Die Aprikosen in etwas Wasser einweichen, dann abtropfen lassen und in kleine Würfel schneiden.
Die Zwiebel schälen, in Würfel schneiden und in heißem Öl andünsten. Anschließend mit der Gemüsebrühe ablöschen und diese zum Kochen bringen.
Die Linsen zugeben und bei schwacher Hitze 15 Minuten mitgaren.
Abkühlen lassen und anschließend pürieren.
Mit Salz, Essig, Honig und saurer Sahne abschmecken.
Mit 1 Spritzer Zitronensaft verfeinern. Die Aprikosenwürfel auf Teller legen und die heiße Suppe darüber geben.
Mit fein gehackter Petersilie und ein paar Minzeblättern garnieren.

Möhrensuppe mit Honig und Ingwer

Für 4 Portionen

Zutaten

1 Zwiebel
50 g Butter
1 Knoblauchzehe
1 EL Pflanzenöl
2 Stück wallnussgroßer Ingwer
1 Stange Staudensellerie
500 g Möhren
3/4 l Gemüsebrühe
1 EL Honig
2 EL Crème fraîche
Salz und Pfeffer
geriebene Schale einer unbehandelten Zitrone
Petersilie zum Dekorieren
Zucker

Zubereitung

Zwiebel klein hacken. Ingwer schälen und in feine Scheiben schneiden. Die Möhren ebenfalls in Scheiben schneiden. Das Öl und die Butter erhitzen. Darin die Zwiebel mit dem Knoblauch anbraten, den Ingwer, Staudensellerie und die Möhren dazugeben und mit einem Stück Butter dünsten. Mit der Gemüsebrühe ablöschen, etwas Salz hinzufügen und bei geschlossenem Deckel ca. 12 Minuten köcheln lassen.

Dann das gekochte Gemüse mit dem Honig, der Crème fraîche, einem Stich Butter und der geriebenen Zitronenschale pürieren. Mit Salz, Pfeffer, Zitronensaft und Zucker abschmecken und mit Petersilie garnieren.

Rote-Bete-Suppe mit Meerrettich und Apfelwürfeln

Für 4 Portionen

Zutaten

1 mittelgroße Zwiebel
2 EL Butter
1 Glas gekochte Rote Bete in Scheiben
(Abtropfgewicht 430 g)
1 EL Honig
1/2 l Gemüsebrühe
1 säuerlicher Apfel
Salz und Pfeffer
gemahlener Kümmel
100 g saure Sahne
1 Becher geriebener Meerrettich

Zubereitung

Die Zwiebel schälen, grob würfeln und in 1 EL Butter anschwitzen.
Die Rote Bete in ein Sieb gießen, dabei den Saft auffangen.
Die abgetropften Rote-Bete-Scheiben zur Zwiebel geben
und mit dem Honig kurz glasieren.
Die Gemüsebrühe und den aufgefangenen Rote-Bete-Saft
dazugeben und 30 Minuten auf kleiner Flamme kochen.
Währenddessen den Apfel schälen, fein würfeln und
in 1 EL Butter in etwa 5 Minuten weich garen.
Die fertige Rote-Bete-Suppe mit dem Stabmixer pürieren,
mit Salz, Pfeffer und gemahlenem Kümmel abschmecken.
Die saure Sahne mit dem Meerrettich vermischen.
Die Suppe in Teller füllen und mit einem Klacks
Sauerrahm-Meerrettich-Creme garnieren.
Die Apfelwürfel darüber streuen.

Tomaten-Hirse-Suppe mit Feta

Für 10 Portionen

Zutaten

1 Zwiebel
5 EL Knoblauchöl
2 Knoblauchzehen
2 Dosen Tomaten mit Saft (à 850 g)
3 EL Honig
3 EL geschnittene Basilikumblätter
5 EL Hirse
Salz
Pfeffer
400 g Feta-Käse

Zubereitung

Öl mit klein geschnittener Zwiebel und Knoblauch anschwitzen. Tomaten aus der Dose dazugeben. Tomaten etwas zerkleinern. Mit Honig, Salz und Pfeffer abschmecken. Gewaschene Hirse dazugeben und ca. 20 Minuten köcheln lassen. Basilikum hinzufügen. Vor dem Servieren würfelig geschnittenen Feta zugeben und in der Suppe erwärmen. Dazu schmecken Ciabatta oder ein Baguette.

Hauptspeisen mit Fleisch & Fisch

Spareribs

Für 2 Portionen

Zutaten

6 Knoblauchzehen
3 EL Rotweinessig
500 ml Tomatenketchup
4 EL Honig
1 Kotelettrippe mit viel Fleisch
1 Prise Salz
1 Prise Pfeffer
etwas Chilipulver
etwas Paprikapulver, edelsüß
1 TL Senf
1 kleine Chilischote

Zubereitung

Die Rippen in Stücke von 3 Rippen schneiden. Knoblauch grob hacken. Rippen in eine große Schüssel legen. Salz, Pfeffer, Knoblauch und reichlich Olivenöl darüber geben und über Nacht marinieren.
Ketchup und Rotweinessig in einem Topf langsam erhitzen. Honig, Chilipulver, Paprika, Senfpulver, Pfeffer und Chilischoten nach Geschmack zugeben. Alles kurz köcheln lassen.
Ein Blech mit hohem Rand unten in den Ofen stellen und mit Wasser füllen. Durch das Wasser wird das Fleisch nicht trocken und es fängt das abtropfende Fett und die Sauce auf.
Die Spareribs mit der Sauce einpinseln und im Backofen bei 200 °C braten. Öfter wenden und immer wieder dick mit Sauce einstreichen. Nach etwa 15 bis 20 Minuten die Hitze auf 150 °C reduzieren. Nach etwa 35 bis 45 Minuten sind die Rippchen fertig.
Dazu passt gemischter Salat

Fleischspieße mit Chili

Für 3 Portionen

Zutaten

500 g Schweineschnitzel
2 EL Honig
2 EL mittelscharfer Senf
2 EL Olivenöl
1 fein gehackte Knoblauchzehe
1 Prise Paprikapulver, edelsüß
evtl. etwas Chilipulver
1 Prise Salz
1 Prise Pfeffer

Zubereitung

Den Honig in einer kleinen Schale zusammen mit dem Senf und dem Öl zu einer glatten Marinade verrühren.
Danach den Knoblauch und die anderen Gewürze zugeben und weiter verrühren.
Die Schnitzel waschen und zwischen zwei Klarsichtfolien legen.
Dann vorsichtig plattieren und der Länge nach zu etwa 1 bis 1,5 cm breiten Streifen schneiden. Auf Schaschlikspieße fädeln.
Nun die Spieße in einer länglichen Auflaufform oder Pfanne übereinander schichten, die Marinade großzügig darüber verteilen und die Form abgedeckt ca. 3 bis 6 Stunden an einem kühlem Ort ziehen lassen. Zwischendurch die Spieße hin und wieder umschichten.
Jetzt können die Fackelspieße auf einem vorgeheizten Grill etwa 30 Minuten lang gegrillt werden.
Auf einer Platte anrichten und schnell servieren.

Schweinefilet mit Honigkruste

Für 2 Portionen

Zutaten

400 g Schweinefilet
3 Feigen
3 Möhren
1 Zwiebel
200 ml Sahne
3 EL Feigensenf
1 EL Honig
etwas Paniermehl
1 Prise Salz
1 Prise Pfeffer
1 Spritzer Balsamicoessig
100 ml Gemüsebrühe
125 ml Portwein
2 Zweige frischer Rosmarin

Zubereitung

Das Schweinefilet kurz scharf anbraten und aus der Pfanne nehmen. Den Senf mit dem Honig und dem Paniermehl vermengen und auf das Fleisch geben. Danach die Filets in Alufolie wickeln, in den auf etwa 180 °C vorgeheizten Backofen legen und ungefähr 10–15 Minuten ziehen lassen.
Die Zwiebel fein hacken, glasig dünsten und mit Portwein ablöschen. Die Feigen achteln und hinzufügen. Danach die Möhren in Ringe schneiden und ebenfalls dazugeben. Die Gemüsebrühe hinzugeben und einkochen lassen. Dann die Sahne hinzufügen, alles mit Salz, Pfeffer und Balsamicoessig abschmecken.
Das Fleisch dann aus dem Ofen nehmen, wenn es innen zart rosa ist. In Scheiben schneiden und anrichten.
Rosmarin-Kartoffeln als Beilage reichen

Knusprige Honigrippchen

Für 4 Portionen

Zutaten

1 kg Schweinerippchen

Für die Marinade

6 EL Sojasauce
4 EL Reiswein
2 EL flüssiger Honig
2 TL Sambal Oelek
(Würzsauce aus Salz, gehacktem Chili und Essig)
2 gepresste Knoblauchzehen
1 walnussgroßer Ingwer

Zubereitung

Die Rippchen waschen, vom Knochen lösen und in 5 bis 10 cm große Stücke portionieren. Aus den anderen Zutaten eine Marinade herstellen und das Fleisch abgedeckt über Nacht, mindestens aber 2 bis 3 Stunden, marinieren lassen. Dann das Fleisch abtropfen lassen und etwa 10 bis 15 Minuten grillen oder in der Pfanne braten. Dazu Folienkartoffeln mit Quark und gegrilltem Mais reichen.

Schweinefilet mit Honig-Dill-Sauce

Für 4 Portionen

Zutaten

600 g Schweinefilet
1 EL Olivenöl
2 EL flüssiger Honig
1 Prise Salz
1 Prise Pfeffer aus der Mühle
4 TL körniger Dijonsenf
250 g Crème fraîche
2 EL Zitronensaft
1 Bund Dill
2 TL brauner Saucenbinder

Zubereitung

Die Schweinefilets waschen und das Öl auf mittlerer Hitze in einer Pfanne erwärmen, nicht zu heiß werden lassen. Dann den Honig mit Senf, Salz und Pfeffer verrühren. Die Schweinefilets beidseitig damit einstreichen und im Öl braun anbraten. Mit Crème fraîche und Zitronensaft ablöschen und zugedeckt 10 bis 15 Minuten braten – je nach Dicke der Filets. Alles in Alufolie wickeln und warm stellen. Saucenbinder in die Sauce rühren und einmal aufkochen lassen. Den gehackten Dill in die Sauce geben und mit Salz, Pfeffer und Honig abschmecken.

Tipp

Der Geschmack wird intensiver, wenn Sie die Filets bereits einen Tag zuvor mit der Honig-Senf-Mischung einstreichen und über Nacht einwirken lassen.

Honig-Knoblauch-Fleisch

Für 4 Portionen

Zutaten

1 kg Schinkenbraten
1/2 Glas Honig
10 Knoblauchzehen
etwas Salz
etwas Cayennepfeffer

Zubereitung

Den Schinkenbraten quer in mitteldicke Stücke schneiden. Die Stücke abtupfen und mit Salz und Cayennepfeffer beidseitig würzen. Das halbe Glas Honig in einen Topf geben und bei schwacher Temperatur erhitzen, bis er flüssig ist. Inzwischen die Knoblauchzehen in kleine Stücke schneiden, aber nicht pressen. In den flüssigen Honig geben und verrühren. Die Fleischstücke in einem Tontopf locker übereinander schichten, mit dem flüssigen Honig übergießen und alles gut vermischen. Dann den geschlossenen Topf 24 Stunden in den Kühlschrank stellen, damit das Fleisch gut durchzieht und zart wird. Etwa alle 4 Stunden einmal gründlich durchrühren. Zum Braten 4 EL Honig aus dem Topf nehmen und in eine Pfanne geben. Sobald dieser karamellisiert, das Fleisch hineinlegen und etwa 1 Minute bei hoher Hitze von jeder Seite darin braten. Nach Belieben auch mehr Honig hinzufügen. Beim Servieren mit einem Löffel noch etwas Honig über das Fleisch tropfen. Je dunkler der Honig wird, desto intensiver wird der Geschmack. Dazu Baguette und Krautsalat reichen.

Reis-Fleisch-Bällchen in Honig-Tomaten-Sauce

Für 4 Portionen

Zutaten

2 Bund Frühlingszwiebeln · 4 Knoblauchzehen
5 EL Olivenöl · 2 EL Honig
1 TL Zimt
950 g Tomaten aus der Dose (abgetropft)
4 EL frisch gehackte Petersilie · 4 EL Basilikum
4 EL Pfefferminze · 200 ml Kräuteraufgussbrühe
2 EL Zitronen Fruchtsaft
1 Prise Salz · 1 Prise Pfefferminze

50 g Reis

500 g Rinderhackfleisch
2 EL Oregano · 1 TL Kreuzkümmel

Zubereitung

Für die Sauce Zwiebeln und Knoblauch schälen und fein hacken. Dann das Öl in einem Topf erhitzen, die Hälfte der Zwiebeln und des Knoblauchs darin dünsten. Honig und Zimt dazugeben und unter Rühren leicht einkochen lassen. Danach Dosentomaten und jeweils 2 EL Petersilie, Basilikum und Minze unterrühren und die Gemüsebrühe und den Zitronensaft dazugießen. Die Sauce salzen, pfeffern und 20 Minuten unter gelegentlichem Umrühren köcheln lassen.

Den Reis in heißem Wasser 15 Minuten einweichen, in ein Sieb abgießen und abtropfen lassen.

Für die Fleischbällchen Hackfleisch mit Reis, Oregano, den restlichen Zwiebeln, Knoblauch, Petersilie, Basilikum und den fein gehackten Minzeblättchen in eine Schüssel geben. Alles kräftig mit Salz, Pfeffer und Kreuzkümmel würzen, zu einem festen Fleischteig verkneten und kleine Bällchen daraus formen. Die restlichen 3 EL Öl in einer Pfanne erhitzen und die Fleischbällchen darin portionsweise etwa 5 Minuten rundherum braten. Die Fleischbällchen in die heiße Tomatensauce geben und abgedeckt ungefähr 40 Minuten bei kleiner Hitze garen.

Rindfleisch mit Honig-Senf-Glasur

Für 4 Portionen

Zutaten

4 Rinderfilets
1 EL Öl

Für die Sauce

2 TL frischer, geriebener Ingwer
1 fein gehackte Knoblauchzehe
125 ml Rinderfond
80 ml Honig (etwa 1–2 EL pro Portion)
2 EL frischer, gehackter Koriander
1 1/2 EL Dijonsenf
1 EL Sojasauce
1 Bund frische, gehackte Petersilie

Zubereitung

Das Öl in der Pfanne erhitzen und die Steaks bei starker Hitze auf beiden Seiten kurz darin anbraten, bis sie nicht mehr bluten. Danach das Fleisch aus der Pfanne nehmen und warm halten. Für die Sauce Ingwer, Knoblauch, Rinderfond, Honig, Koriander, Senf und Sojasauce in die Pfanne geben und aufkochen lassen, dann auf mittlere Hitze reduzieren und unter häufigem Rühren unbedeckt etwa 4 Minuten köcheln lassen, bis die Sauce andickt. Die Sauce über die Steaks geben und mit frischer Petersilie bestreut servieren. Dazu gebratenen Spargel mit Sesamkörnern reichen.

Chinesisches Rindfleisch mit Orange und Honig

Für 2 Portionen

Zutaten

100 g Basmatireis
1 unbehandelte Orange
2 Frühlingszwiebeln
300 g Rindfleisch zum Kurzbraten
150 ml Orangensaft
1 EL helle Sojasauce
1 EL flüssiger Honig

Zubereitung

Orange abwaschen, trocken reiben und von der Schale feine Zesten zum späteren Garnieren abziehen. Die Frucht filetieren und den austretenden Saft auffangen. Die Frühlingszwiebeln putzen, waschen und in Ringe schneiden. Das Rindfleisch quer zur Faser in mundgerechte Streifen schneiden und mit Salz und Pfeffer würzen. Anschließend in heißem Öl im Wok oder in der Pfanne unter ständigem Rühren etwa 3 Minuten kräftig anbraten, herausnehmen, abdecken und gut warm halten. Den weißen Teil der Frühlingszwiebeln ins Bratfett geben und anbraten. Den gesamten Orangensaft, die Sojasauce und den Honig hinzufügen und bei starker Hitze sirupartig einkochen lassen, dann mit Salz und Pfeffer abschmecken. Die Orangenfilets und das Fleisch untermischen, erwärmen und das Grüne der Frühlingszwiebeln unterrühren. Den Reis wie gewohnt zubereiten. Alles auf dem Reis anrichten und mit den Orangenzesten bestreuen.

Kalbsfilet mit Honig-Mandel-Sauce und Zuckerschoten

Für 4 Portionen

Zutaten

250 g Zuckerschoten
40 g Butter
1 Prise Salzwasser
600 g Kalbsfilet (oder Minutensteaks)
etwas Pfeffer aus der Mühle
2 EL Olivenöl
2 EL Balsamicoessig
20 g gehobelte Mandeln (trocken geröstet)
2 gepresste Knoblauchzehen
1,5 TL Honig
200 ml Sahne
1 TL Fleichextrakt

Zubereitung

In der zerlassenen Butter die Zuckerschoten etwa 10 bis 15 Minuten mild ziehen lassen und etwas salzen. Das Kalbsfilet inzwischen in 4 Medaillons zerteilen, salzen, pfeffern und in einer Pfanne beidseitig 5 bis 10 Minuten in etwas Öl braten. Danach die Medaillons aus der Pfanne nehmen und warm stellen. Den Bratensatz mit dem Essig ablöschen und kurz einkochen lassen. Dann die Hälfte der Mandelblättchen, Knoblauch, Honig, Sahne und Fleischextrakt zufügen. Die Sauce aufkochen lassen und mit Salz und Pfeffer abschmecken.
Die Kalbsmedaillons und Zuckerschoten mit der anderen Hälfte der Mandeln auf Tellern anrichten, den ausgetretenen Bratensaft unter die Sauce ziehen und die Sauce verteilen.
Als Beilagen Brokkoliröschen und dazu Baguette oder Bandnudeln reichen.

Aprikosen-Lammfilet mit Rotwein-Honig Sauce

Für 2 Portionen

Zutaten

2 Lammfilets (à 120 g)

Für die Sauce

2 EL Olivenöl
50 g getrocknete Aprikosen
100 ml Rotwein
1 gepresste Knoblauchzehe
1/2 gehackte Zwiebel
150 g Lamm- oder Fleischfond
2 EL Honig
jeweils eine Prise Koriander,
Ingwer, Cayennepfeffer

Zubereitung

Die Lammfilets in heißem Olivenöl anbraten.
Für die Sauce die Zwiebel und den Knoblauch in Olivenöl anziehen und mit dem Rotwein ablöschen. Dazu den Fond und die eingeweichten Aprikosen geben und alles köcheln lassen.
Mit dem Honig und den Gewürzen abschmecken, sobald die Sauce genügend eingekocht ist.
Dann die Lammfilets an der Rotwein-Honig-Sauce mit Wildreis und frischen Dattelstreifen und Saisonsalat servieren.

Lammkrone mit Honig-Senf-Kruste

Für 4 Portionen

Zutaten

4 Lammkronen (à 400 g)
2 Zweige Rosmarin · 2 Knoblauchzehen
100 g Honigsenf
1 EL Honig
2 EL Olivenöl
50 g Butter
1 gehackte Zwiebel
100 ml Rotwein
3 EL Fleischextrakt
200 g Keniabohnen
8 Scheiben durchwachsener Speck
20 kleine Kartoffeln
1 Prise Salz · 1 Prise Pfeffer

Zubereitung

Lammkronen zunächst waschen, dann von Sehnen und Fett befreien, salzen, pfeffern und in Olivenöl auf beiden Seiten kurz anbraten. Einen Rosmarinzweig und die Knoblauchzehen zufügen und im Ofen bei 180 °C etwa 15 Minuten weiterbraten. Dann aus dem Ofen nehmen und warm stellen.

Für die Beilage die Bohnen in Salzwasser blanchieren und in Eiswasser abschrecken. Aus den Bohnen je acht kleine Bündel mit den Speckscheiben binden. Die Kartoffeln mit Schale kochen und warm stellen. Die Bohnen-Speck-Bündel in Butter und der Hälfte der Zwiebeln anschwitzen und abschmecken.

Für die Sauce die Butter erhitzen, die restlichen Zwiebeln und den gezupften Rosmarin hinzufügen, anschwitzen und mit Rotwein ablöschen. Fleischextrakt dazugeben und einkochen lassen.

Honig und Senf gut zu einer Menge verrühren, das Lamm auf der Fleischseite mit der Honig-Senf-Mischung einreiben und im Ofengrill überbacken, bis die Kruste goldbraun ist. Die Kartoffeln, die Bohnen und die Sauce auf den Tellern anrichten und die Lammkrone auf die Sauce legen.

Lammspieße orientalischer Art

Für 8 Portionen

Zutaten für das Fleisch

1,5 kg Lammfleisch von der Keule · 1 rote Paprikaschote
1 große, schlanke Zucchini

Für die Marinade

6 EL Rotwein · 6 El Tomatenmark · 2 EL Balsamicoessig · 1 große Zwiebel
4 Knoblauchzehen · 5 TL Gewürzmischung (jeweils 1 TL Nelken, Ingwer, frischer Kardamom, Macisblüte, frisch geriebene Muskatnuss, frisch gemahlener schwarzer Pfeffer, Zimt, Piment, Kurkuma, Koriander, edelsüßer Paprika, rosenscharfer Paprika) · 1 TL Honig · 8 EL Olivenöl · 1 Bund fein gehackte Petersilie

Zubereitung

Das Fleisch waschen, schneiden und würfeln.
Für die Marinade die Zwiebel putzen, grob zerhacken und mit dem Rotwein und dem Essig im Mixer pürieren. Knoblauchzehen putzen und dazu pressen. Tomatenmark, Honig und Gewürze unterrühren und alles gründlich mischen. Dann erst das Öl und die Petersilie zugeben. Alles mit dem Fleisch in einen Gefrierbeutel geben, fest verschließen und mit den Händen gut durchmischen, sodass das Fleisch ringsherum mit Marinade benetzt ist. 12 bis 24, mindestens aber 6 bis 8 Stunden, in den Kühlschrank legen und immer wieder durchmischen. Bei Verwendung eines Holzkohlengrills die Holzspieße zuvor wässern, dann löst sich das Fleisch nachher besser und die Holzspieße verbrennen nicht so schnell. Die Paprikaschote waschen, putzen und in passende Stücke schneiden. Die Zucchini längs vierteln und in ca. 1 cm dicke Scheiben schneiden. Das Fleisch abwechselnd mit den Gemüsestücken aufspießen – dabei mit Fleisch beginnen und enden. Mit der Marinade das Gemüse bestreichen und inzwischen den Grill anheizen. Die Spieße rundherum grillen, bis sie gar sind (etwa 10 bis 15 Minuten). Sie können die Spieße aber auch in der Pfanne braten oder im Backofen grillen. Dazu schmecken Fladenbrot – am besten aufgebacken oder auf dem Grill kurz erwärmt – Tsatsiki und Hirtensalat oder türkischer Tomatensalat.

Tipp

Achten Sie beim Kauf des Fleisches darauf, dass noch etwas Fett dabei ist, sonst wird es zu trocken.

Wildschweinkeule mit Ingwer-Honig-Kruste

Für 8 Portionen

Zutaten

3 kg Wildschweinkeule
2 Zweige Rosmarin · 2 TL Wacholderbeeren
2 TL Kardamom
100 g frischer Ingwer
1 Zitrone · 1 EL Thymian
1 EL geschroteter Pfeffer
4 EL Senf
2 EL Olivenöl
1 Bund Suppengrün
200 g geräucherter Speck
4 Lorbeerblätter
40 g Mehl
400 ml kräftiger Rotwein
60 g Butter
1 EL Tannenhonig
etwas Salz

Zubereitung für die Marinade

Lassen Sie sich beim Einkauf vom Schlachter den Schlussknochen von der Wildschweinkeule auslösen und die Haxe zerkleinern! Zuhause dann die Wildschweinkeule häuten und die Rosmarinnadeln von den Stielen entfernen. Die Keule auf der runden Seite mehrfach einstechen und die Hälfte der Nadeln in die Einstiche stecken. Die restlichen Rosmarinnadeln, Wacholderbeeren und die aus den Kapseln gelösten Kardamomkörner im Mixer zerkleinern. Die Ingwerwurzel schälen, reiben und den Saft durch ein Tuch in eine Schüssel drücken. Zitrone waschen, dünn abreiben und auspressen. Zitronensaft und Zitronenschale sowie die Hälfte des Ingwersaftes, Thymian, Pfeffer, Senf, Öl und Gewürzmischung zu einer Paste verrühren. Die Keule mit der Paste einreiben, mit Klarsichtfolie abdecken und über Nacht durchziehen lassen.

Suppengrün putzen, waschen und grob würfeln. Die Hälfte der Speckscheiben in eine Pfanne geben. Die Keule mit der runden Seite nach unten darauf platzieren. Suppengrünwürfel und Lorbeerblätter rundherum verteilen. Knochen und Haxe dazugeben. Keule salzen und mit den restlichen Speckscheiben abdecken. Keule auf der zweiten Einschubleiste von unten in den Backofen schieben und 30 Minuten in dem auf 250 °C vorgeheizten Backofen garen. Nach 30 Minuten die Hitze auf 200 °C zurückschalten, den Rotwein angießen und die Keule weitere 60 Minuten garen. Nach und nach 1/4 Liter Wasser zugießen und die Keule hin und wieder mit dem Bratenfond beträufeln. Keule herausnehmen und in Alufolie gewickelt ruhen lassen.

Für die Sauce

Die Pfanne nochmals in den auf 250 °C eingeschalteten Backofen schieben und den Pfanneninhalt kräftig bräunen, zwischendurch gut umrühren. Nochmals 1/4 Liter Wasser zugießen und alle Röststoffe mit einem Pinsel lösen. Alles durch ein Sieb in einen Topf gießen und entfetten. Mehl und Butter verkneten. Den restlichen Ingwersaft und Honig in den kochenden Bratfond rühren. Mehlbutter zugeben, nochmals aufkochen lassen und würzen. Keule aufschneiden und mit der Sauce servieren. Dazu passen Kartoffelknödel.

Besoffene Wildsau in Honig-Bier-Sauce

Für 4 Portionen

Zutaten

1 kg Keulen vom Wildschwein
50 g Schweineschmalz
100 ml Apfelsaft oder Zitronensaft
etwas Salz
etwas Pfeffer

Für die Marinade

125 g Honig
250 ml Schwarzbier
4 cl Kümmelschnaps
1/2 TL Kümmel
2 gestoßene Wacholderbeeren

Zubereitung

Das Fleisch zwei Tage mit der Marinade bedecken und mehrfach wenden. Dann abtropfen lassen. Mit Salz und Pfeffer einreiben und in Schweineschmalz kräftig anbraten. Nach und nach die Marinade zugeben und immer wieder einkochen lassen. Ca. 1 bis 1,5 Stunden schmoren lassen und zum Schluss mit Apfel- oder Zitronensaft abschmecken.

Als Beilagen schmecken Preiselbeerkraut und Kartoffelklöße hervorragend.

Sesamhühnchen

Für 2 Portionen

Zutaten

2 Hühnerbrüste
Öl zum Braten

Für die Marinade

1 TL Sojasauce
1/4 TL Salz

Für die Panier

1/2 Tasse Mehl
1 Ei
1 EL Milch
1/2 Tasse Sesam

Für die Sauce

2 EL Sojasauce
2 EL Zitronensaft
2 TL Honig

Zubereitung

Die Hühnerbrustfilets in vier Stücke teilen und mindestens 1 Stunde in die Marinade einlegen. Anschließend in Mehl wälzen und in eine verquirlte Mischung von Ei, Milch und Sesamsamen legen. Die Hühnerbrustfilets dann etwa 5 Minuten in heißem Öl backen und dabei häufig wenden.

Für die Sauce Zutaten vermischen, in der Pfanne auf den Hühnerteilen verteilen und das Ganze 2 Minuten garen lassen. Dazu bunten Reis oder Kartoffelbrei reichen.

Süßsaure Hühnerschenkel

Für 4 Portionen

Zutaten

8 Hühnerkeulen
4 EL Balsamicoessig oder Rotweinessig
2 EL Sojasauce
2 EL Tomatenmark
1 EL Worcestersauce
2 EL Olivenöl
2 EL flüssiger Honig
2 klein gehackte Knoblauchzehen
1 Prise Cayennepfeffer
Salz · Pfeffer
grüner Salat zum Garnieren

Zubereitung

Essig, Sojasauce, Tomatenmark, Worcestersauce, Honig, Knoblauch, Cayennepfeffer, Pfeffer und Salz in einer kleinen Schale zu einer Marinade glatt rühren.
Das Fleisch der Hühnerschenkel waschen, dann mehrmals mit dem Messer kräftig einschneiden und in eine flache mit Olivenöl eingefettete Form legen. Die Marinade dazugeben, die Form abdecken und etwa 1 Stunde im Kühlschrank marinieren lassen.
Danach etwa 20 Minuten im vorgeheizten Backofen bei 180 °C grillen, dabei mehrmals mit der Marinade bestreichen und auf den Salatblättern anrichten.

Rosa gebratene Entenbrust in Cashew-Honig-Chili-Kruste

Für 4 Portionen

Zutaten

4 küchenfertige Entenbrüste
10 g Butterschmalz
1 Prise Salz · 1 Prise Pfeffer
1 Zweig Rosmarin · 2 Zweige Thymian
1 halbierte Schalotte
1/2 Knoblauchknolle
2 EL gewürfelte Schalotten
10 g Butter · 1/2 EL Zucker
80 ml Balsamicoessig
150 ml Brühe
etwas Salz · etwas Pfeffer
30 g kalte Butter

Für die Cashewnuss-Honig-Chili-Kruste

50 ml Geflügelfond
80 g Honig · 30 g Olivenöl
2 EL Sojasauce
120 fein gehackte Cashewnusskerne
etwas Chili aus der Gewürzmühle
1 Prise Salz
50 g Weißbrotbrösel

Für das Süßkartoffel-Bananen-Püree

500 g Süßkartoffeln
1 Prise Salz
150 ml Milch
80 g Butter · 5 EL Sahne
1 Banane
Saft einer Zitrone

Zubereitung

Die Entenbrüste auf der Haut kreuzweise einschneiden und mit je 1 Prise Salz und Pfeffer würzen. Dann in einer heißen Pfanne mit Butterschmalz auf der Fleischseite kurz und auf der Hautseite sehr kross anbraten. Kräuter, Schalotte und Knoblauch dazugeben und kurz mitbraten. Die Entenbrüste mit den Kräutern auf ein mit Alufolie ausgelegtes Backblech legen und im vorgeheizten Backofen bei etwas 120 °C 20 bis 25 Minuten garen.
Dann warm halten und etwas ruhen lassen.
Die gewürfelten Schalotten in derselben Pfanne, in der die Entenbrüste gebraten wurden, anbraten, Butter und Zucker dazugeben und schmelzen lassen. Dann mit Balsamico und Brühe aufgießen, einkochen lassen und mit Salz und Pfeffer abschmecken.
Die Butter beigeben und alles gut verrühren.

Cashewnuss-Honig-Chili-Kruste

Alle Zutaten in einen Topf geben und so lange einkochen lassen, bis eine streichfähige Masse entsteht.
Mit Chili aus der Gewürzmühle und Salz würzen, die Weißbrotbrösel unterheben und abkühlen lassen.

Die gegarten Entenbrüste aus dem Backofen nehmen und mit der ausgekühlten Cashewnuss-Honig-Chili-Kruste dünn bestreichen.
Die Brüste dann unter dem Backofengrill überbacken, bis die Kruste eine schöne, goldbraune Farbe hat.

Für das Süßkartoffel-Bananen-Püree Süßkartoffeln waschen und in Salzwasser etwas 15 bis 20 Minuten kochen. Inzwischen die Milch mit der Butter kurz aufkochen lassen. Die Kartoffeln schälen und noch heiß durch eine Kartoffelpresse drücken, dann alles durch ein Sieb drücken und das kochende Butter-Milch-Gemisch dazugeben.
Die Masse mit einem Schneebesen glatt verrühren.
Die Sahne mit der Banane und dem Zitronensaft mixen und vorsichtig unter die Süßkartoffelmasse heben.
Das Püree auf den Tellern verteilen, die Entenbrüste in Scheiben schneiden und darauf anrichten.
Mit der Sauce beträufeln und mit frischer Petersilie garnieren.

Foto rechts: Putenbrust mit Honig und Wok-Gemüse (siehe Seite 122)

Putenbrust mit Honig und Wok-Gemüse

Für 4 Portionen

Zutaten

300 g Putenbrust
3 EL Sojasauce
2 EL Honig
2 EL Kokosraspeln
400 g Kartoffeln
2 EL Sojaöl
200 g Kohlrabi
200 g grüner Spargel
200 ml Gemüsefond

Zubereitung

Je 1 EL Sojasauce und Honig verrühren. Das Fleisch in feine Scheiben schneiden, gut mit der Marinade bedecken und etwa 1 Stunde marinieren lassen.
Die Kokosraspeln in einem Wok ohne Fett goldbraun rösten und herausnehmen. Die Kartoffeln vierteln und in 1 EL Öl im Wok unter häufigem Wenden ungefähr 10 Minuten braten und dann herausnehmen.
Den Kohlrabi schälen und in feine Stifte schneiden. Spargelstangen schräg in etwa 2 cm dicke Stücke schneiden.
Restliches Öl erhitzen. Die Putenstreifen abtropfen lassen, im heißen Öl braten und herausnehmen. Das Gemüse kurz anrösten, mit Fond ablöschen und kurz garen. Mit Pfeffer, Sojasauce und Honig abschmecken.
Die Kartoffeln, die Kokosraspeln und das Fleisch dazugeben und nochmals kurz erhitzen.

Foto Seite 121

Fisch mit Fenchel und Honig

Für 4 Portionen

Zutaten

250 g Zwiebeln
500 g Tomaten
2 Knoblauchzehen
1 Knolle Fenchel
500 g Rotbarschfilet
1 Bund Basilikum
1 Bund Oregano
2 Zweige Rosmarin
10 Blätter Salbei
1 Bund Thymian
1/2 Zitrone
2 EL Olivenöl
2 EL Honig
etwas Salz
etwas schwarzer gemahlener Pfeffer

Zubereitung

Den Backofen auf 180 °C Umluft vorheizen. Die Zwiebeln schälen und in Ringe schneiden. Tomaten klein würfeln. Die Knoblauchzehen schälen und hacken. Fenchel putzen, den harten Strunk in der Mitte entfernen und klein würfeln. Den Fisch in Streifen schneiden. Zitrone auspressen. Kräuter waschen, trocken tupfen und verlesen (statt der frischen Kräuter können Sie auch Kräuter der Provence verwenden). In einer tiefen Pfanne das Öl erhitzen und die Zwiebelringe andünsten. Tomaten, Fenchel und Knoblauch dazugeben und alles kurz schmoren lassen. Dann Kräuter, Honig und etwas Zitronensaft untermischen und 15 Minuten bedeckt köcheln lassen. Den Fisch salzen, mit Zitronensaft beträufeln und in eine feuerfeste Form legen. Pfeffern und die Tomaten-Fenchel-Mischung darüber verteilen. Im Backofen knapp 30 Minuten garen.

Thunfisch mit Honig-Soja-Sauce

Für 4 Portionen

Zutaten

4 Thunfischsteaks
2 gehackte Frühlingszwiebeln
10 cm Ingwer
125 ml Sojasauce
2 EL Honig
2 EL Balsamicoessig

Zubereitung

Für die Marinade die Sojasauce mit dem Balsamicoessig und dem Honig verrühren. Den Thunfisch mit dem Ingwer und den Frühlingszwiebeln in eine Form geben.
Darüber die Marinade gießen und alles 1 Stunde in den Kühlschrank stellen.
Nach der Einlegezeit den Thunfisch auf dem Grill oder in der Pfanne von jeder Seite 3 bis 4 Minuten grillen.

Marinaden für Fleisch & Fisch

Honig-Senf-Sauce

Für 1 Portion

Zutaten

1 große Schalotte
4 EL mittelscharfer Senf
1 EL Weinessig
1 EL flüssiger Honig
1 Prise Pfeffer

Zubereitung

Die Schalotte abziehen und in feine Würfel schneiden, mit dem mittelscharfen Senf, dem Weinessig, dem flüssigen Honig und der Prise Pfeffer verrühren.
Die Marinade eignet sich gut für Schweinefleisch und Geflügel. Fleisch, das mariniert werden soll, in einen Gefrierbeutel geben, die Marinade dazugeben und einige Stunden, am besten über Nacht, durchziehen lassen. So wird das Grillfleisch ganz zart.

Honig-Chili-Marinade

Für 2 Portionen

Zutaten

2 EL Olivenöl
Saft von einer Zitrone
1 EL Honig
1 Prise gemahlener Chili
1 Prise Salz
1 Prise Pfeffer
etwas gemahlener oder frisch gehackter Knoblauch

Zubereitung

Alle Zutaten gut vermischen. Das Fleisch in Stücke schneiden, gut mit der Marinade bedecken und über Nacht in einer abgedeckten Schüssel marinieren lassen.
Je länger das Fleisch in der Marinade verbleibt, desto säuerlicher wird der Geschmack.
Das Fleisch danach abtropfen lassen, in einer sehr heißen Pfanne anbraten und mit dem Rest der Marinade ablöschen.

Honigmarinade mit Kräutern für Grill und Pfanne

Für 4 Portionen

Zutaten

3 EL Olivenöl
1/2 Packung tiefgefrorene Kräuter der Provence
1 EL Honig
1 gepresste Knoblauchzehe
1 Prise Salz
1 Prise Pfeffer aus der Mühle
Saft einer halben Limette
100 ml Wasser
1 EL Estragonsenf

Zubereitung

Senf und Olivenöl in eine Schüssel geben. Kräuter, Honig und gepressten Knoblauch dazugeben.
Mit Salz und Pfeffer würzen und Limettensaft untermischen.
Mit dem Schneebesen gut verrühren und eventuell noch etwas Wasser hinzufügen.
Die Marinade reicht für ca. 6 bis 8 Hähnchenbrustfilets.

Habanero-Honig

Für 1 Portion

Zutaten

4 gelbe Chilischoten (Habaneros)
1 fein gewürfelte Mango
200 ml Honig

Zubereitung

Für ein Glas von 250 ml etwa 4 entkernte gelbe Schoten in sehr kleine Würfel schneiden und in Honig einlegen. Nach Belieben noch eine fein gewürfelte Mango hinzugeben, dann sollten Sie aber ein größeres Glas verwenden. Den Rest des Glases mit Honig auffüllen. Achtung beim Schneiden der Habaneros: Immer Handschuhe verwenden, die Schärfe kann die Haut verätzen!

Info

Die Habanero ist eine der schärfsten Chiliarten. Sie hat ein süßlich-exotisches Aroma und ist nicht vergleichbar mit den normalen Chilis. Durch das Einlegen in Honig wird die Schärfe gemildert und das fruchtige Aroma kommt zur Geltung. Der Honig-Anteil sollte etwa bei 1/4 liegen. Durch die antibakterielle Wirkung des Honigs hält das Ganze im Kühlschrank etwa 7 Monate. Man braucht auch nur sehr wenig zum Würzen, etwa 1 Teelöffel pro Gericht. Je länger der Honig durchzieht, desto milder und fruchtiger wird die Mischung.

Passt besonders gut zu exotischen Fleisch- und Fischgerichten und zum Verfeinern von Marinaden und Suppen.

Vegetarische Hauptspeisen

Enchiladas mit scharfer Füllung

Für 2 Portionen

Zutaten für die Tomatensauce

1 Zwiebel
2 Knoblauchzehen
1 TL Pflanzenöl
500 g Tomaten aus der Dose
1 TL Honig
1 EL Balsamicoessig
1 Prise Salz
1 Prise Pfeffer
etwas Tabasco

Für das Gemüse

100 g Mais aus der Dose
2 Frühlingszwiebeln
4 milde Pfefferoni (eingelegt)
2 Tomaten

Für die Tortillas

2 Tortillas (à 30 g)
2 EL saure Sahne
4 EL geriebener Käse

Zubereitung

Für die Tomatensauce den Knoblauch in der Knoblauchpresse zerdrücken. Die Zwiebel fein würfeln und beides in erhitztem Öl glasig anschwitzen. Die gestückelten Tomaten hinzufügen, alles aufkochen lassen und mit Honig, Balsamico, Salz, Pfeffer und Tabasco abschmecken.

Für das Gemüse die Frühlingszwiebeln putzen und zusammen mit den Pfefferoni in Ringe schneiden. Die Tomaten waschen und in Streifen schneiden. Den Mais abtropfen lassen.

Die Tortillafladen mit der heißen Sauce bestreichen und das Gemüse darauf verteilen.
Die saure Sahne darüber geben und die Tortillas aufrollen.
Die aufgerollten Tortillafladen in eine Auflaufform setzen.
Die restliche Tomatensauce darüber verteilen und mit Käse bestreuen.
Im vorgeheizten Backofen bei 200 °C Ober- und Unterhitze auf der mittleren Schiene etwa 20 Minuten überbacken und dann sofort servieren.

Honigkartoffeln

Für 2 Portionen

Zutaten

8 kleine Pellkartoffeln
2 Butter
1 EL Honig
1/2 EL Senf
3 EL Weißwein

Zubereitung

In einem ausreichend großen Topf die Butter schmelzen lassen.
Den Honig, Senf und den Wein dazugeben und alles zu einer dickflüssigen Masse verrühren. Die Pellkartoffeln hinzufügen (Topfboden muss noch zu sehen sein) und hin und her schwenken, bis die Kartoffeln den Sud aufgenommen haben.
Dann sofort servieren.

Gebratener Spargel mit Honig und Ziegenkäse-Crêpes

Für 4 Portionen

Zutaten

1 Bund Basilikum
1 Ei · 100 g Mehl
16 EL Olivenöl · 250 ml Milch
Salz · Pfeffer aus der Mühle
200 g Ziegenfrischkäse (ersatzweise Doppelrahmfrischkäse)
100 g Walnüsse
75 g Pinienhonig (ersatzweise Akazien- oder Waldhonig)
3 EL mittelscharfer Senf
2 EL Weißweinessig
1 TL frischer, fein gehackter Rosmarin
2 kg weißer Spargel

Zubereitung

½ Bund Basilikum in feine Streifchen schneiden. Mehl mit dem Ei, 2 EL Olivenöl und der Milch zu einem glatten Teig verrühren. Salzen, pfeffern und die Basilikumstreifen untermischen. Daraus in insgesamt 4 EL Olivenöl 4 goldbraune Crêpes (20 cm Durchmesser) backen. Ziegenfrischkäse so dünn wie möglich in Scheiben schneiden und auf den Crêpes verteilen. Mit Salz und Pfeffer würzen. Restliche Basilikumblätter darauf verteilen und mit je 1 EL Olivenöl beträufeln.
Die Crêpes zusammenrollen, in eine Auflaufform legen und mit Olivenöl beträufeln.
Die Walnusskerne rösten und grob hacken. Honig mit Senf, Weißweinessig, Rosmarin, etwas Salz und Pfeffer verrühren und die Walnusskerne unterheben.
Den Spargel schälen, die holzigen Enden abschneiden und in einem großen breiten Topf im restlichen Olivenöl bei mittlerer Hitze rundum goldbraun anbraten. Salzen, pfeffern und mit 50 ml Wasser im geschlossenen Topf in 8 bis 10 Minuten bei starker Hitze bissfest garen. Die Honigmischung dazugeben und im offenen Topf 2 Minuten leise kochen. Inzwischen die Ziegenfrischkäse-Crêpes für 10 Minuten im vorgeheizten Ofen auf der zweiten Schiene von unten bei 200 °C überbacken (Umluft 180 °C, Gas Stufe 3). Spargel mit Honigsauce und Crêpes auf einer Platte anrichten.

Lauwarm gratinierter Ziegenkäse mit Knoblauch und Rosmarin-Honigsirup

Für 4 Personen

Zutaten

4 Knollen Knoblauch
50 g Pinienkerne
4 Zweige Rosmarin
150 g provenzialischer Honig
400 ml weißer Traubensaft (ersatzweise Apfelsaft)
1 Prise Salz
20 g Kekse (Amaretti morbidi)
8 kleine Ziegenkäsekugeln
4 EL Olivenöl
etwas schwarzer Pfeffer
geschnittenes Walnussbrot

Zubereitung

Pinienkerne in einer Pfanne ohne Fett goldgelb rösten. Den Honig erhitzen und die Knoblauchzehen darin auf mittlerer Stufe 2 bis 3 Minuten dünsten. Den Saft dazugießen und leicht salzen. Schließlich die Rosmarinnadeln dazugeben und das Ganze auf kleiner Flamme 15 bis 30 Minuten sirupartig einkochen. Den Sirup durch ein Sieb gießen und abschmecken. Danach abkühlen lassen.

Dann die Amaretti zerkrümeln, die Ziegenkäsekugeln auf ein mit Backpapier belegtes Blech setzen und mit Olivenöl beträufeln. Mit grob gemahlenem Pfeffer und den Amarettikrümeln bestreuen und im Ofen bei 200 °C in 5 bis 8 Minuten lauwarm werden lassen. Je zwei Ziegenkäsekugeln mit Sirup beträufeln, die Pinienkerne darüber streuen und mit Walnussbrot servieren.

Nachspeisen

Walnusstoffies mit Akazienhonig

Für 4 Portionen

Zutaten

125 g Zucker
1 Päckchen Vanillezucker
1 TL Akazienhonig
1/4 l Sahne
30 g Margarine
100 g zerstoßene Wallnusskerne

Zubereitung

Den Zucker unter Rühren erhitzen, bis er geschmolzen ist. Achtung: Nicht dunkel werden lassen! Danach die Sahne unterrühren, bis die Masse anfängt, dicklich zu werden. Honig, Vanillezucker, Margarine und Wallnusskerne untermischen und einkochen, bis sich die Masse vom Boden löst. Dann sehr schnell in eine geölte Form geben und warten, bis die Masse steif wird. Zum Schluss in Würfel schneiden.

Milch-Mais-Suppe mit Schokolade

Für 1 Portion

Zutaten

500 ml Milch oder Sojamilch
50 g gemahlener Mais
1 Prise Salz
1/4 TL Bourbonvanille
50 g Bitterschokolade (mindestens 70 % Kakaogehalt)
2 EL Honig
evtl. Margarine oder Butter

Zubereitung

In die kalte Milch den Mais, Salz und Vanille einrühren. Unter Rühren 2 bis 3 Minuten kochen lassen. Den Topf von der Hitze nehmen, die zerbröckelte Schokolade sowie 1 EL Honig einrühren und auflösen. Vor dem Servieren noch 1 EL Honig oder ungehärtete Margarine bzw. Butter in die Mitte geben.

Avocadocreme mit Honig

Für 4 Portionen

Zutaten

2 Eigelb
4 EL Honig
250 g Magerquark
2 reife Avocados
Saft von 1 Zitrone
2 Eiweiß
1 Prise Salz
1/2 Bund Zitronenmelisse

Zubereitung

Eigelb mit dem Honig in einer Schüssel schaumig schlagen und den Magerquark löffelweise dazugeben.
Die Avocados längs halbieren, den Stein entfernen und das Fruchtfleisch mit einem Löffel herausschaben. Mit dem Zitronensaft im Mixer pürieren und unter die Quark-Ei-Masse mischen.
Eiweiß mit der Prise Salz zu sehr steifem Schnee schlagen und vorsichtig unter die Honig-Avocadocreme ziehen.
Die Zitronenmelisse abwaschen und die Blättchen abzupfen.
Einige sehr schöne Blätter beiseite legen, die übrigen in schmale Streifen schneiden und unter die Creme mischen.
Die Avocadocreme auf Dessertschälchen verteilen, mit der restlichen Zitronenmelisse garnieren und sofort servieren.

Erdbeergelee mit Honig

Für 4 Portionen

Zutaten

350 ml Honig
500 g Erdbeeren
400 ml Wasser
2 Päckchen Gelatine als Pulver

Zubereitung

Die Erdbeeren zuerst waschen, dann pürieren und durch ein Sieb passieren. Das Wasser mit dem Honig kurz aufkochen lassen und die Gelatine darin auflösen.
Danach die pürierten Erdbeeren in das Wasser geben und alles gut umrühren.
Etwas abkühlen lassen, in Dessertgläser portionieren und kühl stellen.

Joghurt mit Honig

Für 4 Portionen

Zutaten

500 g Joghurt (10 % F. i. T.)
4 EL flüssiger Honig
5 EL gehackte Walnüsse

Zubereitung

Den Joghurt gut durchrühren und auf vier Schälchen verteilen.
Jeweils 1 EL Honig darüber gießen.
Jede Portion mit gehackten Walnüssen bestreuen.

Karamellisierte Bananen mit Honig-Mascarpone

Für 4 Portionen

Zutaten

3 Eigelb
90 g Honig
250 g Mascarpone
80 g Pinienkerne
4 Bananen
2 EL Butter
1 Zweig Rosmarin
3 EL Vanillezucker
evtl. Rum

Zubereitung

Das Eigelb und den Honig mit Hilfe eines Rührgerätes oder eines Mixers schaumig schlagen, mit der Mascarpone vermengen und zu einer Creme verrühren. Das Ganze mit etwas Zitronensaft abschmecken und anschließend kalt stellen.
Die Pinienkerne in eine ofenfeste Pfanne geben und bei mittlerer Hitze goldbraun rösten. Die Butter in einer Pfanne schmelzen und aufschäumen lassen. Die Bananen schälen und mit etwas Rosmarin in die Pfanne legen. Mit dem Vanillezucker bestreuen und leicht karamellisieren lassen.
Je nach Geschmack noch einen Schuss Rum dazugeben.
Falls nicht genügend Flüssigkeit in der Pfanne ist, etwas Wasser dazugeben.
Mit der Honig-Mascarpone servieren und mit Rosmarin garnieren.

Honigbananen mit Pistazien

Für 4 Portionen

Zutaten

1 Limette oder 1/2 unbehandelte Zitrone
4 kleine Bananen
4 EL Paniermehl aus Vollkorn
50 g Butter oder Margarine
2 EL Pistazien
6 EL flüssiger Honig oder Ahornsirup
einige Blättchen Zitronenmelisse zum Verzieren

Zubereitung

Die Limette waschen und halbieren. Eine Hälfte in dünne Scheiben schneiden und den Rest auspressen. Von der Zitrone 4 dünne Scheiben abschneiden und den Rest auspressen. Bananen schälen, längs halbieren, in Stücke schneiden und mit Limettensaft beträufeln. Danach die Bananen in Paniermehl wenden und etwas andrücken. Das Fett in einer Pfanne erhitzen. Bananen darin unter mehrfachem Wenden goldbraun braten. Pistazien grob hacken. Bananen portionsweise auf kleine Teller verteilen und mit Honig oder Ahornsirup beträufeln. Pistazien darüber streuen und mit Limetten- oder Zitronenscheiben oder nach Belieben mit Melisseblättchen verzieren. Als Getränk dazu einen Milchkaffee oder einen Espresso servieren.

Backwaren

Bienenstich

Für 1 Portion

Zutaten für den Mürbteig

200 g Mehl
2 EL Milch
50 g Butter
60 g Honig
1 TL Backpulver

Für den Belag

1 kg saure Äpfel (eventuell Boskop)
50 g gemahlene Mandeln
1 EL Butter
1 EL Honig

Für den Deckel

100 g Butter
150 g gehobelte Mandeln
2 EL Honig
1 Prise Zimt

Zubereitung

Die Zutaten für den Mürbeteig verkneten und in eine Springform geben. Die Äpfel grob raspeln und mit der Butter in einer Pfanne andünsten. Danach die Mandeln und den Honig hinzufügen. Anschließend die Apfelmasse auf dem Mürbeboden verteilen. Nun die Butter hellgelb anbräunen und die gehobelten Mandeln, den Honig und den Zimt dazu geben. Die kandierten Mandeln auf der Apfelabdeckung verteilen und alles im Backofen bei 150 bis 180 °C etwas 25 bis 35 Minuten backen. Als besonderes „Schmankerl“ warme Vanillesauce dazu reichen.

Bananenbrot

Zutaten

3 reife Bananen
1/2 Tasse Honig
2 Tassen Vollkornmehl
1/2 TL Salz
1 TL Backpulver
1/2 Tasse zerhackte Nüsse
2 EL zerlassene Butter oder Öl

Zubereitung

Backofen auf 180 °C vorheizen.

Die Bananen im Mixer oder mit einer Gabel pürieren und danach den Honig mit dem Mixer oder dem Schneebesen darunter rühren. Mehl, Salz und Backpulver fein sieben, in die Honig-Bananen-Mischung geben und alles gut umrühren. Nüsse, Butter oder Öl hinzufügen, das Ganze in eine längliche Back- oder Brotform geben und bei 180 °C etwa 1 Stunde backen. Das Bananenbrot ist gut, wenn beim Einstechen mit einer Gabel kein Teig festklebt.

Tipp: Bananenbrot hat die Tendenz sehr feucht zu sein. Deshalb brauchen Sie für das Backen dieses Brotes unbedingt einen guten Backofen, da sonst die Außenseite des Brotes gut gebacken ist, während in der Mitte noch alles weich ist. Wenn das der Fall ist, versuchen Sie beim nächsten Mal, das Brot bei einer niedrigeren Temperatur (trocken) zu backen.

Honig-Gitterkuchen

Zutaten

600 g Mehl
1 TL Natron
200 g Butter oder Margarine
250 g Puderzucker
4 EL flüssiger Honig
2 Eier
1 Glas Johannisbeerkonfitüre zum Bestreichen

Zubereitung

Die angegebenen Zutaten zu einem Mürbteig verkneten und etwa 1/3 des Teiges zur Seite stellen. Den Rest des Teiges ausrollen, auf ein vorgefettetes Backblech legen und mit Konfitüre bestreichen. Aus dem übrigen Teig bleistiftdicke Stangen rollen und als Gitter über den Kuchen legen. Im vorgeheizten Ofen bei 180 °C 20 bis 25 Minuten backen. Auskühlen lassen und dann in Schnitten schneiden.

Viktoria-Kuchen

Zutaten für den Teig

500 g Mehl
500 g Honig
80 g Zucker
100 g Butter
1 EL Zimt
1 Msp. Nelkenpulver
1 Msp. Ingwer
1 Msp. Kardamom
50 g gewürfeltes Zitronat
50 g klein gehackte Nüsse
1 Tasse kalter Kaffee
1 Ei
1 Päckchen Backpulver

Für den Guss

1 Eiweiß
100 g Puderzucker
50 g bittere Schokolade
1 Hand voll abgezogene Mandeln
etwas Fett für die Form

Zubereitung

Den Honig und das Fett in einem Topf auf kleiner Hitze zergehen lassen. Die übrigen Zutaten gleichmäßig unterrühren und den Teig in eine gefettete Kastenform geben. Den Kuchen bei 175 °C auf der untersten Schiebeleiste mindestens 45 Minuten backen.
Für den Guss das Eiweiß zu steifem Schnee schlagen und den Puderzucker und die geriebene Schokolade unterziehen. Den Kuchen damit überziehen, mit abgezogenen Mandeln garnieren und im noch warmen Ofen trocknen lassen.

Tipps

Die doppelte Teigmenge für zwei Kastenformen backen.
Der Kuchen hält sich in einer Blechdose recht lange frisch.

Mandel-Hefe-Kuchen mit Marzipan

Zutaten

250 g Mehl
1/2 Päckchen frische Hefe
150 ml Milch · 1 Ei
60 g sehr weiche Butter
30 g Zucker · 1 Prise Salz
Schale von einer halben Zitrone

Für die Füllung

100 ml Milch · 3 EL Honig · 2 EL Amaretto
125 g gemahlene Mandeln
100 g Marzipan

Zum Bestreichen

etwas flüssige Butter · etwas Puderzucker

Zubereitung

Die Hefe in etwas lauwarmer Milch auflösen. Das Mehl in eine Schüssel geben, in der Mitte eine Mulde machen und die aufgelöste Hefe hineinbröseln. Etwas Zucker darüber streuen und ungefähr 15 Minuten gehen lassen. Dann alles zu einem schönen Hefeteig kneten. Sollte der Teig zu fest sein, dann noch etwas Milch dazugeben. Das Ganze ca. 30 bis 45 Minuten aufgehen lassen.

Für die Nussmasse Milch mit Honig erhitzen, die Mandeln und den Amaretto einrühren und dann abkühlen lassen.

Den Teig ausrollen und die Nussmasse aufstreichen. Das Marzipan darüber raspeln und von beiden Seiten zur Mitte hin einrollen.

Das Ganze in die vorbereitete Kastenform geben und im vorgeheizten Backofen bei 160 °C ungefähr 30 bis 35 Minuten backen.

Noch in der Form mit flüssiger Butter bestreichen und mit Puderzucker dick bestreuen.

Wenn der Kuchen ausgekühlt ist, nochmals mit Staubzucker bestreuen.

Apricot-Honey-Pie

Zutaten

220 g Mehl
1/8 l lauwarme Milch
20 g Hefe
1 Ei
100 g flüssige Butter
80 g Zucker
1 Prise Salz
1 TL abgeriebene, unbehandelte Zitronenschale

Für den Belag

1 große Dose Aprikosen
150 g Sahne
1 Päckchen Puddingpulver (Sahnegeschmack)
1 Ei
2 EL Akazienhonig
etwas Puderzucker zum Bestreuen

Zubereitung

Das Mehl in eine Schüssel sieben und in die Mitte eine Mulde drücken.
Die Hefe zerbröckeln, mit 1 EL Zucker verrühren und in der Milch auflösen.
In die Mulde gießen, etwas Mehl einrühren und den Vorteig ungefähr 15 Minuten ruhen lassen. Die restlichen Zutaten untermischen und alles zu einem weichen glatten Teig kneten, falls erforderlich noch Mehl zugeben.
Den Teig gehen lassen, bis sich sein Volumen ungefähr verdoppelt hat.
Anschließend den Hefeteig ausrollen, in eine gefettete Springform (etwa 26 cm Durchmesser) geben und dabei einen Rand hochziehen.
Die Aprikosen gut abtropfen lassen und halbieren. Die Sahne mit dem Puddingpulver, Ei und Honig gut verquirlen. Die Masse auf den Teig gießen und die Aprikosenhälften mit der Rundung nach oben einsetzen.
Im vorgeheizten Backofen bei 200 °C (oder Umluft bei 180 °C) etwa 30 Minuten backen.
Nach Wunsch mit Puderzucker bestreut servieren.

Müslikuchen

Zutaten

125 g zerlassene Butter oder Margarine
3 Eier
6 EL Milch
60 g Zucker
1 Päckchen Vanillezucker
1 Prise Salz
200 g Mehl
1/2 Päckchen Backpulver
200 g Müsli
4 EL Schokoladenraspeln
2 EL Puderzucker
2 Bananen
1 Apfel
abgeriebene Schale einer halben Zitrone

Zubereitung

Das zerlassene Fett schaumig rühren. Zucker, Vanillezucker, Salz, Zitronenschale nach und nach unter die Eier mischen und so lange rühren, bis sich der Zucker gelöst hat. Danach das Mehl und das Backpulver mischen, darunter rühren und das Fett dazugeben. Zum Schluss Milch, Müsli, Schokoraspeln, zerdrückte Bananen und geriebenen Apfel unterziehen.
Die Back-Kastenform (20 cm Länge) mit Fett ausstreichen. Den Teig einfüllen und leicht glatt streichen. Im vorgeheizten Backofen 175 °C etwa 80 bis 90 Minuten backen. Die Teigoberfläche nach 15 Minuten Backzeit der Länge nach mit einem Messer einschneiden. Kuchen aus dem Ofen nehmen, kurz ruhen lassen und auf ein Kuchengitter stürzen.
Völlig auskühlen lassen und mit Puderzucker bestreuen.

Apfelkuchen mit Honig-Marzipan-Guss

Zutaten

200 g Butter
100 g Zucker
300 g Mehl
600 g Äpfel
50 g Rosinen
50 g Mandeln
200 g Marzipan
250 ml Milch
100 g Honig
1/2 Päckchen Vanillepuddingpulver
3 Eier
1 Päckchen Bourbonvanille

Zubereitung

Butter, Zucker und Mehl gut durchkneten, im Kühlschrank 2 Stunden ruhen lassen und dann ausrollen. Eine Springform damit auslegen und einen Rand hochziehen. Die Äpfel in Scheiben schneiden, Apfelscheiben 3 Minuten kochen und auf den Teig geben.
Die Mandeln in einer trockenen Pfanne rösten und mit den Rosinen auf den Äpfeln verteilen.

Für den Guss

Marzipan mit 125 ml Milch in einem Topf erhitzen und cremig rühren. Restliche Milch, Honig und die Bourbonvanille zufügen und unter Rühren aufkochen lassen. Puddingpulver mit 3 EL Wasser glatt rühren und mit dem Schneebesen in die kochende Masse einrühren. Abkühlen lassen und die verquirlten Eier unterziehen.
Diesen Guss über die Äpfel geben. Den Kuchen auf der mittleren Schiene bei 200 °C im vorgeheizten Ofen ungefähr 55 Minuten backen.
Dazu passt frische Sahne.

Honig-Muffins

Zutaten

150 g Honig · 100 g brauner Zucker
70 g Butter oder Margarine
3 EL Milch · 1/4 kg Mehl
1/2 Päckchen Backpulver
1 Prise Kardamom
1/2 TL gemahlene Nelken
2 EL Zimt · 1 TL Lebkuchengewürz
1 EL Kakaopulver · 2 Eier
100 g gehackte Mandeln

Für die Füllung

1/4 l Ananaskonfitüre
etwas Fett für die Form oder die Papierförmchen
etwas Puderzucker
30 g Kuvertüre

Zubereitung

Honig, Zucker, Butter und Milch in einem Topf erwärmen und so lange rühren, bis sich der Zucker ganz aufgelöst hat. Anschließend alles abkühlen lassen.
Das Mehl mit dem Backpulver mischen und sieben. Kardamom, Nelkenpulver, Zimt, Lebkuchengewürz und Kakaopulver zufügen. Die Mischung in die Honigmasse rühren. Dann Eier sowie gehackte Mandeln unterziehen und den Ofen auf 175 °C vorheizen.
Inzwischen ein Mini-Muffinblech sorgfältig fetten oder Papierformen hinein stellen und die Honigmasse in einen Spritzbeutel füllen. Den Teig jeweils in einer dünnen Schicht auf den Boden und an die Ränder der Muffinmulden spritzen. Je 1 TL Ananaskonfitüre aufstreichen und danach einen Teigdeckel aufspritzen. Die Förmchen sollten nun zu zwei Dritteln gefüllt sein. Die Muffins auf der mittleren Einschubleiste in den Ofen schieben, etwa 25 Minuten backen und danach herausnehmen. Etwas abkühlen lassen und aus der Form lösen.
Mit Puderzucker bestäuben.
Vollmilchkuvertüre im heißen Wasserbad schmelzen lassen, dann je einen Klecks davon auf die Spitze der Muffins setzen und kandierte Ananasstückchen darauf setzen. Die Kuvertüre erstarren lassen und servieren.

Haferflocken-Honig-Muffins

Für 12 Portionen

Zutaten

250 g Mehl
3 TL Backpulver
100 g Puderzucker
3 EL Honig
2 Eier
100 ml Öl
75 ml Milch
175 g zarte Haferflocken

Zubereitung

Mehl mit dem Backpulver in einer Rührschüssel mischen. Puderzucker durchsieben und dazugeben. Honig, Eier, Öl und Milch in der angegebenen Reihenfolge hinzufügen. Die Zutaten mit dem Mixer zu einem glatten Teig verarbeiten und 150 g der Haferflocken unterheben. Anschließend mit Hilfe von 2 Teelöffeln in Papierförmchen oder in ein mit Papierförmchen ausgelegtes Muffinblech zu 2/3 füllen.
Nun die Muffins mit den restlichen Haferflocken (ca. 25 g) bestreuen und in den Backofen schieben.
Im vorgeheizten Backofen bei 180 °C Ober-/Unterhitze (oder Umluft bei 160 °C) etwa 25 Minuten backen.

Honigsterne

Für 40 Stück

Zutaten

200 g brauner Zucker
125 g Honig
1 Päckchen Vanillezucker
125 g Butter
400 g Mehl
4 EL Milch
1 TL Zimt
1 TL Anis
2 EL Kakaopulver
1 TL Backpulver
etwas Mehl zum Ausrollen
200 g dunkle Kuvertüre

Zubereitung

Zucker, Honig, Vanillezucker, Butter und Milch unter ständigem Rühren erhitzen, bis alles zu einer glatten Masse verschmolzen ist. Abkühlen lassen und mit den übrigen Zutaten, außer der Kuvertüre, zu einem glatten Teig verarbeiten. Den Teig auf einer bemehlten Arbeitsfläche nicht zu dünn ausrollen und daraus Sterne ausstechen.

Die Sterne auf ein mit Backpapier ausgelegtes Blech legen und im vorgeheizten Ofen bei 180 °C ungefähr 10 bis 15 Minuten backen. Kuvertüre schmelzen und die ausgekühlten Sterne damit überziehen.

Quellen

Literatur

Alte Hausmittel neu entdeckt. Kürbis, Eisenkraut, Mistel, Knoblauch, Honig. – Wien: Tosa 2004

Bänzinger, Erica: Das goldene Buch vom Honig. – Lenzburg: Edition Fona 2004

Charlton, Jane/Newdick, Jane: Honig. Schönheit, Gesundheit und Genuß. Tips, Rezepte und Geschichten. München: Hugendubel 1996

Dippelreither, Reinhard: Das Honig-Kochbuch. – Graz: Leopold Stocker 2005

Ebel, Margret und Gottlieb; Rinke, Silvia: Die Naturheilküche mit Honig. – Wien: Kremayr & Scheriau 1996

Hörandner, Edith/Hutsteiner, Hans/Moosbeckhofer, Rudolf/Zecha-Machly, Henriette: Von Bienen und Imkern, von Wachs und vom Honig. – Wien: Christian Brandstätter 1993

Horn, Helmut/Lüllmann, Cord: Das große Honigbuch. Entstehung, Gewinnung, Gesundheit und Vermarktung. 3. Auflage. – Stuttgart: Kosmos 2006

Jarvis, Deforest C.: 5 x 20 Jahre leben. – Bern, Stuttgart : Hallwag 1971

Nagl, Andrea: Honig. Power aus dem Bienenstock. Die besten Rezepte für Schönheit, Wellness, Power und Wohlbefinden. – Weyarn: Seehamer 2002

Internetlinks

http://de.wikipedia.org/wiki/Honig
http://www.farfeleder.at/leopold/pollen.htm
http://www.roither.at/imkerei/bluetenpollen/
http://www.lunedemiel.tm.fr/al/06.htm
http://www.netzwissen.com/ernaehrung/honig.php
http://www.netzwissen.com/ernaehrung/honig/honig-geschichte.php
http://www.kochatelier.de/Warenkunde/honigsorten.htm
http://www.gesund.co.at/GESUND/Themaderwoche/2007/TdW32-Honig-Heilmittel.htm
http://www.traumdeuter.ch/texte/4039.htm
http://www.essen-und-trinken.de/topthemen/specials/honig/kuechen-tipps.html
http://www.essen-auf-raedern.de/ernaehrung/mythen-legenden-wissenswertes.html

(Stand der URLs: 10. September 2009)

ISBN: 978-3-99011-002-7

FOODFOTOGRAFIE: Peter Barci

LEKTORAT: Anke Weber
BUCHGESTALTUNG: Bruno Wegscheider

REPRODUKTION: Pixelstorm, Wien
DRUCK UND BINDUNG:
Druckerei Theiss, St. Stefan im Lavanttal